亚当·斯密：市场经济

[韩]朴周宪 著
[韩]黄基洪 绘
滕飞 译

经典经济学轻松读

中国科学技术出版社
·北京·

Market Economy by Adam Smith
©2022 Jaeum & Moeum Publishing Co.,LTD.
㈜자음과모음
Devised and produced by Jaeum & Moeum Publishing Co.,LTD., 325-20,
Hoedong-gil, Paju-si, Gyeonggi-do, 10881 Republic of Korea
Chinese Simplified Character rights arranged through Media Solutions Ltd Tokyo
Japan email:info@mediasolutions.jp in conjunction with CCA Beijing China
北京市版权局著作权合同登记 图字：01-2022-5736。

图书在版编目（CIP）数据

亚当·斯密：市场经济/（韩）朴周宪著；（韩）黄基洪绘；滕飞译. -- 北京：中国科学技术出版社，2023.6（2023.11重印）

ISBN 978-7-5236-0086-3

Ⅰ．①亚… Ⅱ．①朴… ②黄… ③滕… Ⅲ．①亚当·斯密（Adam Smith 1723-1790）—市场经济—研究 Ⅳ．① F091.33-49

中国国家版本馆 CIP 数据核字（2023）第 037676 号

策划编辑	何英娇	封面设计	创研设
责任编辑	陈 思	责任校对	焦 宁
版式设计	蚂蚁设计	责任印制	李晓霖

出　　版	中国科学技术出版社
发　　行	中国科学技术出版社有限公司发行部
地　　址	北京市海淀区中关村南大街 16 号
邮　　编	100081
发行电话	010-62173865
传　　真	010-62173081
网　　址	http://www.cspbooks.com.cn

开　　本	787mm×1092mm　1/32
字　　数	60 千字
印　　张	5.75
版　　次	2023 年 6 月第 1 版
印　　次	2023 年 11 月第 2 次印刷
印　　刷	大厂回族自治县彩虹印刷有限公司
书　　号	ISBN 978-7-5236-0086-3 / F・1111
定　　价	59.00 元

（凡购买本社图书，如有缺页、倒页、脱页者，本社发行部负责调换）

序言

亚当·斯密（Adam Smith）是一位伟大的思想家。他为资本主义市场经济体制的经济秩序提供了理论基础。就如同自然现象可以被科学地解释一样，亚当·斯密认为，社会中的经济现象也存在着严格的秩序，并对其原理进行了说明。最终，亚当·斯密实现了经济学的科学化，这在经济学史上留下了浓墨重彩的一笔，人们为了纪念亚当·斯密的功绩，将他称为经济学之父。

在18世纪，少数的大商人以及资本家使

用不公正的手段大量地积累财富，而憧憬完全自由化社会的亚当·斯密强烈反对这种重商主义体制。亚当·斯密坚信：如果每个人都可以自由地追求自己的目标，那么，这将不仅能满足每个人的自身利益，还能满足社会整体的利益，进而引领大多数处在贫穷中的人们走向富强的道路。因此，亚当·斯密支持以个人自由为基础的市场经济秩序，并且对此种经济秩序的优越性做了理论性的阐述，对现代经济学可谓是做出了巨大贡献。

有人认为，2008年美国经济危机波及世界后，敲响了资本主义市场经济终结的丧钟。但是，将引发世界金融危机的原因全部归结于市场经济体制，并否定这种经济体制，这种观点过于绝对了。

任何一种经济体制都不可能是完美的。尽管市场经济体制存在着许多不足，但是不可否认的是：至今为止，这还是一种效率较高的经济体制。因此，我认为：如何将市场经济体制打造为更具有效率性、公平性的经济体制，将是21世纪人类面临的重大课题。为此，我们首先要做的是正确地把握市场经济原理，亚当·斯密将其视为一切经济行为的前提。

《亚当·斯密：市场经济》将为读者朋友们理解市场经济的效率性以及其运行原理提供帮助。希望这本书能为读者朋友们理解市场经济体制有所助益。

朴周宪

> 独家访谈 | 亚当·斯密
>
> "经济学之父，
> 讲述市场经济"

经济学之父——亚当·斯密曾阐述"看不见的手"这一原理，今天将由我为大家详细说明。在演讲开始之前，让我们通过采访亚当·斯密，来进一步了解这位学者。

记者： 大家好，通过这样的方式得以与大家见面，真是荣幸之至。首先，我想了解亚当·斯密老师孩童时期的经历,听说亚当·斯密老师出生于苏格兰。

亚当·斯密: 是的,1723年,我出生于一个叫作柯科迪的小港口村庄。我的父亲是一名海关检察员,但不幸的是,在我出生的几个月前,我的父亲离世了。因此,我从小在妈妈身边长大。

记者: 是这样啊,孩童时期似乎过得有些辛苦,那么您的学生时代是怎样度过的呢?

亚当·斯密: 我虽然其貌不扬,但是学习还不错。一直是班上的优等生。14岁被格拉斯哥大学录取,并在当时研究功利主义(utilitarianism)方面享有盛名的哈奇森(Hutcheson)教授门下学习了3年的哲学。之后成为牛津大学贝利奥尔学院的奖学金获得者。起初，我和当时多数学生一样，在学习神学之后，打算成为一名神职人员。但是，当我读了大卫·休谟的《人性论》后，我放弃了成为神职人员的梦想。我被休谟的怀疑论深深地吸引住了。有一次，仅是因为读了休谟的《人性论》，我就受到了学校的惩戒，书也被没收了。这是因为，休谟信仰无神论，所以休谟的书在当时被列为禁书。

> **大卫·休谟**
> 大卫·休谟是哲学家、经济学家、历史学家，是西方哲学、启蒙运动的代表人物，于1739—1740年出版了《人性论》（*A Treatise of Human Nature*）一书。
>
> **功利主义**
> 追求公共利益的思想，19世纪中叶发源于英国，将功效和幸福作为判断价值的标准，把"绝大多数人的幸福最大化"的实现作为伦理行为的目的。

记者： 休谟先生可谓是改变了您的人生，

那么，大学毕业后您从事了什么职业呢？

亚当·斯密： 大学毕业后我没能立即工作，直到1751年，被格拉斯哥大学聘为教授，一年后，我成了伦理学的教授。当时道德科学包括了自然科学、伦理学、法律学、政治经济学，因此是很受欢迎的科目。

记者： 但是，为什么您后来辞职了呢？

亚当·斯密： 30岁的时候，我为了辅导汤森（Townshend）的养子巴克卢（Bualeuch），所以辞掉了教授的职务。辞去教授职务并不是很容易的决定，但是，这为我提供了一个绝好的周游欧洲的机会。也正因如此，我摆脱了大学对我的束缚，得以与巴克卢公爵一起周游欧洲，结识了许多人。在瑞士、法国，我遇到了当时启蒙主义（Enlightenment）、重农主义（Physiocracy）的先知们——伏尔泰（Voltaire）、弗朗索瓦·魁奈（François Quesnay）、杜尔哥（Anne Robert Jacques Turgot）等学者。

> **启蒙主义**
> 18世纪兴起于欧洲的思想风潮。启蒙主义主张人类的意识不是由神主导，而是由人类的理性意识决定的，后成为1789年法国革命的思想背景。
>
> **重农主义**
> 18世纪后半期以法国弗朗索瓦·魁奈为中心而展开的经济理论，重农主义认为农业是国家的。
>
> **伏尔泰**
> 18世纪法国启蒙主义的代表人物。他是法国启蒙思想家的"百科全书派"人物。

记者：哇！辞职去旅行，真是很帅气的做法！那么，老师，您是如何处理自己的社交活动的呢？

亚当·斯密：我与银行家、商人、政治家等各行各业的人都展开了交往。我通过类似于政治经济俱乐部的团体，了解到了许多商人们的故事。比如说，我对因七年战争而激增的英国负债现象进行过研究，也做过苏格兰年薪六百英镑的海关关长。我年老以后，被推举为格拉斯哥大学的名誉校长。

记者：您的经历真是丰富多彩啊，老师您有没有听过"领带斯密"这一说法呢？

亚当·斯密：是的。在美国第40任总统里根（Reagan）的庆祝派对上，共和党员都系着印有我侧脸的领带出席。还好印的是侧脸，而不是我的正脸。

记者：这是为了表达对您的尊重，为什么说还好只印了侧脸呢？

亚当·斯密： 这是因为我长得不似寻常人，鼻子比起脸过大，眼睛像青蛙一样凸出来，下嘴唇过于向外凸起，因此很不雅观。此外，因为神经衰弱，我还有点口吃的症状。总之，我是一个外貌没什么看头的人。

记者： 老师您被称为经济学之父，那么，老师是您创立了经济学吗？

亚当·斯密： 并不是。事实上，经济学源于何时，目前还没有定论。人类被称为经济性动物，不是吗？无论有人传授经验与否，人类都能知道该生产什么、该如何交换物品、生活所必需的物资是什么。这样的经济活动在人类历史上甚至没有一天中断过。国家为了保障这样的经济活动能够顺利地进行，制定了各种各样的制度与政策，为了证明这些政策的正确性，国家还需要具有逻辑的证据。因此，经济学便应运而生了。对此，古希腊哲学家亚里士多德早已提出过关于事物的价值以及获得利润的行为是否妥当的建议。但是，这样的主张比起经济学，却更具有统治层面及道德层面的倾向。

记者：既然如此，那么您认为现代经济学起源于何时呢？

亚当·斯密：这似乎很难定义。如上所述，在人类历史中，经济通常占据着主要地位。但可以确定的是，在此之前，经济学便存在了。比如说，重商主义者——约翰·洛克（John Locke），重农主义者－弗朗斯瓦·魁奈等。

记者：但是，人们为什么称老师您为经济学之父呢？

亚当·斯密：能被如此称呼真是我的荣幸。我个人认为，这是因为我首先对市场这一概念做出了系统性的解释，并且发现了市场经

> **让·巴蒂斯特·萨伊**
> 法国经济学家,主张生产三要素论、萨伊定律等。
>
> **托马斯·罗伯特·马尔萨斯**
> 英国经济学家,马尔萨斯认为:与人口以几何级数增长相比,粮食以算数级数增长,因此便会发生饥荒、贫困等现象。主要著作《人口论》。

济形成的一种具备规律和秩序的"体系"。换句话说,我发现了将市场结构和规律性理论化的"科学经济学"。后来,让·巴蒂斯特·萨伊(Jean Baptiste Say)在给托马斯·罗伯特·马尔萨斯(Thomas Robert Malthus)的信中这样评价了我的功绩。

"尽管亚当·斯密并没有能充分地把握财富的生产以及消费的整体现象,但是我们仍旧不能否定他的贡献,我们应该感谢他。得益于亚当·斯密,才得以让原本模糊不清的经济学成为所有学科中存在无法解释的部分最少的学科。"

正如萨伊信中所写到的一般，我所扮演的角色是系统地分析了近代资本主义的经济原理，使得经济学得以成为一门独立的学科。

记者： 原来如此，那么斯密老师又是师从哪位高师呢？

亚当·斯密： 其实，我平生都没能正式地学习过或是讲授过经济学。听起来很不可思议吧？但其实原因很简单。这是因为，在我所生活的18世纪，经济学还没能成为一门独立的学科。当然在我讲授法律学的时候也会提到有关经济原理的知识。直到1903年，剑桥大学才把经济学从伦理学中分离出来，成为一门独立的学科。

记者： 真是很不可思议啊。在没有老师传授知识的情况下，竟然取得了这么了不起的成就。并且斯密老师您也为后世留下了很多书籍，对了，老师您的代表作是哪部书呢？

亚当·斯密： 那就不得不提大家都很熟悉的《国富论》（*The Wealth of Nations*）了。不过，我的处女作其实是《道德情操论》（*The Theory of Moral Sentiments*）。这本书出版于1759年，比起《国富论》足足早了17年。在撰写这本书期间，对于人类的私心与道德决定之间存在的矛盾，我思考了许多。

自私的人类偶尔会做出牺牲自己成全他人，或者做出充满道德感的决定。对此，我充满了好奇。最终我在日复一日的研究中找到了答案。那就是——正义的观察者。这些人的心中仿佛生活着一位正义的观察者，人们无时无刻不接受着这位观察者的审视。如此一来，人们便不会变得自私，也就充满了道德感。

《国富论》于1776年3月9日出版，原名为《国民财富的性质和原因的研究》(*An Inquiry into the Nature and Causes of the Wealth of Nations*)。这本书主要讨论了如何使国民变得富有以及为了维持市民社会的稳定，国家应该如何确保财政。

记者： 在当时《国富论》的人气怎么样呢？

亚当·斯密： 当时基本所有的知识分子都读过这本书。在18世纪后半期，各个国家开始搞工业革命，并确立了资本主义社会制度，《国富论》的影响也越来越大。总之，这本书影响了很多人。

有一次，以二十多岁的年纪成为英国首相的小威廉·皮特（William Pitt）邀请我参加由他主办的聚会。但是我迟到了，本来我准备趁人不注意悄悄地进入会场，但是参加聚会的人却不约而同地都站了起来，这让我感到很丢脸。因为我认为我的地位不足以受到如此好的待遇。所以我急忙劝说站起来的宾客坐下。小威廉·皮特却说："老师不坐的话，我们也不坐，我们都是老师的弟子"。实际上，小威廉·皮特参考《国富论》的内容制定了财政和商业的改革案。由此可知，《国富论》对学术界和现实生活都产生了巨大的影响。

记者： 老师的影响力可真大呀。遗憾的是，采访时间已经差不多快结束了，我再提最后一个问题吧。老师的理论常常被评价为保守主义，对此你怎么看呢？

亚当·斯密： 对于进步和保守的区别，我是这样认为的：保守是指认可当时社会的秩序和思想，然后谋求渐进式变化的态度；进步是指否定当时社会的统治秩序和思想，谋求创新式变化的态度。从这个层面来讲，在现代资本主义的自由市场经济秩序下，人们常常会把我的理论评价为保守主义，因为我认为资本主义的体制绝对不会倒塌。

但是，在我所生活的18世纪却完全不同，当时的社会主流反而是批判重

> **重商主义**
> 重商主义认为：商业是国家财富的源泉。重商主义是15世纪到18世纪后半叶自由主义阶段，欧洲地区的经济理论。

商主义。比如说鼓励出口、排斥进口，殖民地政策、成立垄断贸易公司等重商主义政策使当时部分商人和制造业者获得利益，但是这对于社会整体的利益是有害的，因而受到了社会的批判。当人为垄断以及市场排他不存在，市场得以自由地进行经济活动的时候，个人的利益以及社会整体的利益就都可以实现增长。这种主张对于当时的统治阶级是具有冲击性的，因此从某种程度上来说我的理论也可以称为创新式的进步。

记者： 原来如此，斯密先生，谢谢您接受我的采访。

亚当·斯密： 记者辛苦了。

记者： 从某种程度上来说，通过今天的采访，我们更加了解亚当·斯密先生了，到此，今天的采访就结束了。

目录

第一章　经济问题出在哪里 / 1

我怎样才能吃到晚饭 / 3

氧气和石油的差异 / 7

中东的石油危机 / 10

拯救囚犯的魔术 / 15

扩展知识丨拜托了！大象 / 24

第二章　分配资源的方法 / 31

威权经济体制 / 34

计划经济体制 / 41

市场经济体制 / 51

第三章　动起来吧！市场经济 / 55

需求是指花钱的计划 / 60

供给就是产量计划 / 71

第四章　看不见的手的魔术 / 89

智能手机的需求、供给、平衡 / 92

由"看不见的手"牵引所到达的地方 / 96

谁是金妍儿真正的粉丝 / 110

渔夫大叔的烦恼 / 116

第五章　协调私利和公共利益 / 127

为获得社会利益的最大值 / 130

计算消费者剩余 / 132

计算生产者剩余 / 135

社会剩余的最大值是多少 / 139

扩展知识丨不仅是支付意愿之间的对决 / 144

结语　通过"看不见的手"解决问题 / 149

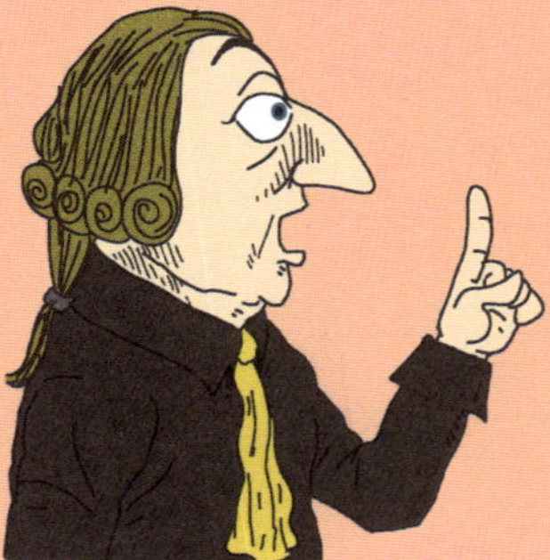

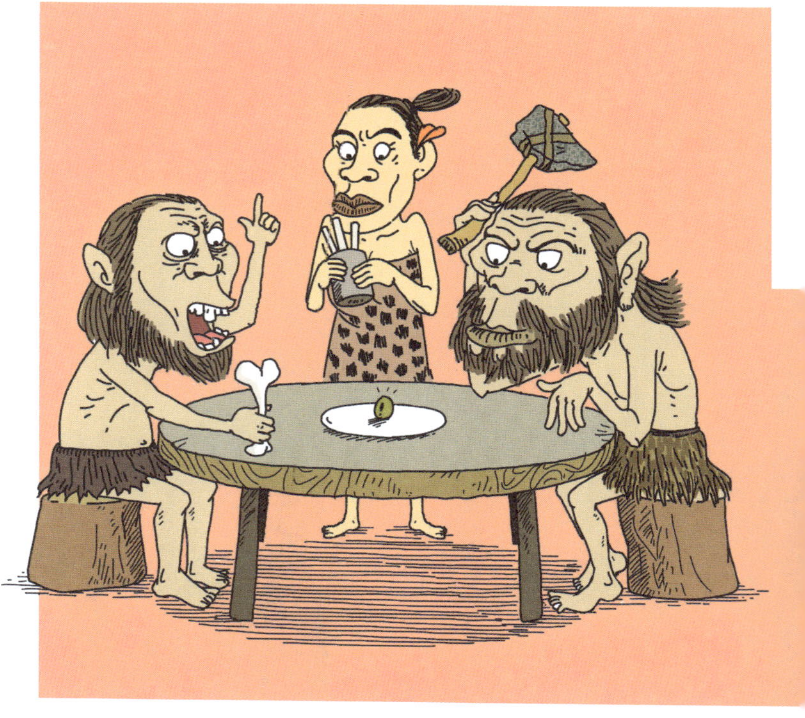

第一章

经济问题出在哪里

无论是谁都有保护自己的本能,问题是维持生活所需的资源却是有限的,那么在资源不足的情况下如何保证分配呢?这个问题便是经济的起点。

我怎样才能吃到晚饭

经济的英文是 economy。这个单词最初来源于希腊语，表示管理一个家庭的人。由此可见，"经济"的概念本身并不复杂，就像操持家庭的事务一样。也就是说，想要解决经济方面的根本问题，与家庭每天要解决的日常

> 经济一词最开始来源于希腊语。表示管理一个家庭的意思。为了维持一个家庭的生计。谁赚钱、谁操持家务、周末如何享受闲暇时光等诸多问题都应该做出分配。

经济
指制造和使用人类生活必需品的所有活动。经济是经世济用的缩写。经世济用源自中国战国时期思想家庄子的著作以及《周易》。

第一章 经济问题出在哪里

女人准备晚餐的样子

生活问题并没有太大的区别。

比如说吃饭的问题。为了全家都能津津有味地按时吃饭。那么谁来准备饭菜，应该做多少饭，应该准备什么样的小菜，是直接买做好的小菜吃还是自己动手做，谁喜欢什么样的菜等问题都是很烦琐的。

让我们来找出这个问题的答案吧！比如说：母亲要准备足够今天晚上在家吃饭的家人的饭量，并且准备汤和菜，在这种情况下，全家人如何找到前面问题的答案呢？

家人们既可以选择自发性地找到答案，有

时候在父亲的指示下,也可以寻找到其他答案。如果母亲身体有点不舒服的话,由父亲拜托儿女准备晚饭的话就会产生新的角色分配。

但是如果找不到这样的答案该怎么办呢?如果角色分配失败的话,那么就有可能因为没有准备好晚饭,家人饿肚子。因此,不管是出于家庭责任还是父亲的指示,或是母亲无偿的劳动,无论用哪一种方法,都应该有合适的答案。

如果说,这理论适用于家庭生活问题的话,那么国家也是如此。为了使国家正常地运转,从"谁来打扫卫生,谁来种田,谁来生产汽车,谁来教孩子"等决定谁是生产者的问题开始,到"种多少田,生产多少辆汽车"等决定生产规模的问题,以及"是小规模地种田,还是大规模地进行生产"等决定生产方法的问题,以及"谁买 iPhone 手机,谁吃糖醋里脊"等决定消费者的问题都应该得到解决。

> 即使决定了怎样生产、生产什么,以什么方式分配给谁也是非常重要的经济问题。资源稀缺的时候,如果把财物多分配给某人,那么剩下的人只能得到较少的财物。

也就是说要解决"生产什么,怎么生产,生产多少,分配给谁"等问题。这些问题统称为资源的分配问题。

铁板既可以生产船,也可以生产汽车。因此,生产船舶的产业可以解释为:将一定数量的铁板分配给设计和制造船舶的造船业,而非制造汽车。

当然,这里所指的资源并不只是我们常说的天然资源。只要是对生产有帮助或是成为消费的对象,即只要是经济活动的对象都可以称为资源。

可以说，经济的根本问题是为了创造更美好的世界而重视如何分配资源的问题。

氧气和石油的差异

在资源不足的情况下，常常会面临如何分配资源的问题。

氧气是维持生命必不可缺的资源。任何生物没有氧气，都无法生存，但是我们却不会因此讨论如何分配氧气的问题。我们也不会计较，谁多吸入了一些氧气。每个人都可以自由自在地呼吸。为什么会这样呢？这是因为空气中的氧气是充足的，所以没有分配的必要。

但是大部分资源对于我们来说都是不足的。无论是谁都想生活在阳光充足，宽敞又舒适的家里。但是阳光充足的地方并不是到处都有，并且土地也是有限的。而且即使在土地充足的情况下，建造房子所需要的水泥、砖头、钢筋等资源也是有限的。同时，能够建造房屋的工程师、工人也是有限的。

稀少性
稀缺不足的意思。指某种资源比起人类所需要的量，处于不足状态。

这种由于资源不足而导致的问题，称为"稀少性问题"。如果不存在稀少性问题的话，自然也就不存在分配问题。同时，如果没有稀少性问题的存在，自然也就没有了经济活动的对象。经济活动被视为资源分配的根本问题，因此，经济问题往往集中出现在稀少资源的分配上。总之，经济学是以稀少性作为前提而成立的学问。

不同资源的稀少程度是不一样的。既有非

常稀缺的资源，也有尽管不是很充足，但是相对来说比较富余的资源。但是有一件事我们一定要记住：判断资源是否稀缺并不是以资源的绝对存有量为基准，而是以与我们的期望量相比有多少不足的相对量为基准。

距今为止，全世界已发现原油的储藏量大约是1.3亿桶。如果以现在的速度使用的话，大约可以使用42年。

以绝对量来看，比石油多的资源并不多见，但是由于石油资源现在已几近枯竭，是稀少性非常高的资源。因为无论石油的绝对量有多少，我们所期望的量都远远超过它的绝对量。因此，和氧气不同，稀少的石油会成为资源分配的对象。

中东的石油危机

> 石油输出国组织在1973年决定减少石油生产量,并将石油的价格提升为原来的近5倍。此后引起了第一次石油价格波动。1973年石油价格由以前的每桶2.5美元,提升至每桶11.5美元,1979年发生二次石油波动之后,石油价格上涨为每桶34美元。

由于石油的储存量不足而导致的价格变动事件也曾在全世界范围内造成过巨大的冲击,这种事件被称为石油危机。石油危机曾发生过两次,给世界经济带来了巨大的打击。

第一次石油危机发生在第四次中东战争期间,1973年10月17日,中东的石油生产国一致决定上调石油价格。

沙特阿拉伯、科威特等中东石油生产国在1945年第二次世界大战后,具备了可以独自生产石油的能力。在此之前,中东国家一直受到所谓具有"专业"石油生产装备的西方国家的制约，但是，在中东国家具备了独自生产石油的能力后，情况发生了改变。在当时，苏联正式开始了原油的生产。此后原油的价格跌至每桶1美元。随着原油价格的降低，西方国家的石油公司为了保持自身的收入，减少了对中东石油生产国征收的专利费。而中东国家为了维护自身利益，于1960年9月14日，沙特阿拉伯、科威特、伊朗、伊拉克、委内瑞拉五个国家的代表人在伊拉克的巴格达聚集，成立了石油输出国组织（OPEC，Organization of the Petroleum Exporting Countries）。随着该组织

专利费
专利费是指使用他人拥有的专利权或是商标权、著作权等所需要支付的费用。与使用费用、版税类似。

石油输出国组织
石油输出国组织是成员国为了强化对国际石油资本的发言权并维持国际石油价格而成立的组织。

成员国数量的增加，如今共有尼日利亚、利比亚、委内瑞拉、沙特阿拉伯、安哥拉、阿尔及利亚、伊拉克、伊朗、加蓬、刚果、科威特、阿联酋、赤道几内亚13个成员国。

石油市场在石油输出国组织成立初期仍处于西方石油公司的制约之下，1973年10月阿拉伯国家与以色列发生了第四次中东战争，以此为契机，石油输出国组织一下子掌握了石油市场。包括沙特阿拉伯在内的波斯湾六个国家一次性将石油的价格上调了17%，并宣布在以色列从阿拉伯占领区撤出，巴勒斯坦的权力恢复之前，原油的生产量每月减少5%。

在这一宣言之后，全世界的石油市场陷入了无法控制的混乱局面。1973年初，石油的价格为每桶2美元59美分，然而仅仅在一年之内，就上涨为每桶11美元55美分，足足上涨为原来的4倍多。各国的企业和消费者由于石油的价格上涨而叫苦不迭。各国政府虽然准备了紧急对策，但是却没有办法真正地解决这一问题。

各国政府虽然减少了对许多行业的电力、石油供应，并开展节约石油的活动。但是世界经济的整体增长率却开始大幅度下降，1975年西方的先进国家出现了经济负增长以及通货膨胀加速化的现象，国际收支也呈现出大幅度的赤字。

第一次石油危机，石油输出国组织控制了曾经由西方石油公司垄断的原油定价权。第二次石油危机发生在1979年，伊朗在陷入政局混乱后，大幅度降低了原油生产，并禁止原油出口。

在当时，伊朗的石油供给量占世界的

15％，然而，陷入政局混乱的伊朗全面禁止了石油的出口。因此，石油出现了严重的供给不足。再加上石油生产者的各种囤积和投资行为，国际石油市场陷入了一片混乱之中。

第二次石油危机的前一年，也就是1978年，一桶石油的价格为12美元70美分，然而在1981年10月，却接近34美元一桶，价格足足上涨了2倍左右。

石油是稀少性的资源。因此，价格会随着供给量的变化而受到很大的影响。在经历过两次石油危机后，石油输出国组织迎来了团结的时代。

从石油危机中，我们可以看出人类的欲望是无止境的。然而，满足人类欲望的资源却是有限的。正因如此，稀少性问题是我们人类面临的宿命性问题,抓住这个问题并解决问题的学科,被称为经济学。也就是说,经济学是研究如何应对"稀少性"这一根本问题的学科。

拯救囚犯的魔术

像上文提到的一样:由于资源的有限性,所以无论是谁,都无法完全得到满足,进而便会产生不满。因此,便产生了如何分配资源这一问题。

但是分配资源并不是一个简单的事情。不管是谁,都曾为了多得到一些东西而和别人争吵过,不是吗?想必大家也有过在美食面前,为了让自己先吃到而和兄弟姐妹们争吵的经历吧。由于资源是有限的,在家内部进行分配尚且难以选择,更何况面对其他人呢?

人类是只为自己着想的利己性的存在呢？还是为了他人着想的利他性的存在呢？我认为这不可以一概而论，人类既是自私的，也是无私的，因为人类的行为经常会发生变化。

但是，人类在很多情况下是自私的。因此亚当·斯密在《国富论》中举了以下的例子，后人在引用这本书的时候也经常提到这部分。

> **博爱心**
> 博爱心是指超越了时代和国家的象征，对人类普遍的爱。

我们能吃到晚饭并不是因为肉铺老板、酿酒厂老板、面包师的博爱心。相反地，他们首先关心的是自己能否赚到钱。

最终，我们为了能够继续吃到晚饭，向肉铺老板、酿酒厂老板们呼吁：请发挥你们的博

爱心！然而这并没有任何用处，反而我们应该呼吁他们为自己着想。因为如果他们自己不能从中获得

> 市场的自由交换活动，从根本上来说是源于个人的利己心。例如人们能够购买电视，不是因为制造商的奉献精神，而是由于他们追求利益的行为。

利益的话，是不会帮助我们的。不如告诉他们"如果向我们一直提供晚餐的话，就会获得更多的钱"，这将会更有效果。

换个角度思考，我们去百货商店买东西并不是为了让百货商店老板赚到更多的钱，我们只是为了满足自己的需求而已。同样的，站在百货商店老板的立场来说，百货商店老板并不是为了我们的幸福和利益才出售商品的，而是为了能够赚到更多的钱。

像这样，优先考虑自己的行为是人类的本性，并且我认为这种本性是合乎情理的。但

是,"利己"这一表达实际上已经蕴含着批判的意思了。"利己心"是指别人怎样无所谓,只要对我有利就可以了,这是一种冷漠的表现。

> **利己心**
> 利己心是指想让自己获得利益的心态。与一般用作贬义不同,这是为了满足人类本能需求的自然形态。

也许正是因此,以人类的利己心为基础构建的市场经济体制,似乎经常被认为是由习惯弱肉强食的人来支配的非人性的经济体制。

一方面为了消除这种偏见,有人主张用"自爱"代替利己心一词。虽然未来还将继续使用"利己心"一词。但我想强调的是:我们所说的利己心并没有好与坏的伦理判断,只是表现人类本性的用语。

很多人认为,利己心在道德层面上来讲是不善良的表现。亚当·斯密在1759年出版的

《道德情操论》一书中,曾经试图研究出人类的道德水平究竟在哪里、道德判断力是如何形成的。当时的伦理观和道德观源于中世纪的宗教教义。当时的宗教主张否定利己心,弘扬博爱心,比起感性的言行,更推崇理性的判断。

虽然博爱心能够让社会变得更加美丽,但是博爱心并不是使社会获得稳定不可或缺的价值。也就是说,即使没有博爱心,我们的社会也不会每天充满斗争,麻木不仁。反而如果是仅依靠博爱心来维持的社会,就会像沙滩上的建筑物一样漏洞百出。因为人类无论多么富有博爱心,都不能摆脱以自我为中心的本性。

人类自出生之始就有着希望改善自己处境的利己的欲望,正是由于这样的利己的本能,使得人类获得开展行动的动力，并发挥着持续又强烈的力量。无论是多么喜欢自己的工作，如果得不到报酬的话，人类真的可以坚持做下去吗？答案是不确定的。但是有一点可以肯定：有报酬的时候，人类可以更加稳定地坚持去做事。因为人类存在着对报酬的需求，使得他们可以拥有强烈意愿更加持续地工作。

我们来举个例子，看一看人类对报酬是多么的敏感。

澳大利亚在英联邦时期是英国的重罪罪犯移居的地方。犯了重罪的人，会被从英国运送到澳大利亚。大概8个月的时间，在狭小的船舱里，犯人的生活会怎么样呢？在这样狭小的空间里甚至连像样的饮食都无法保证。因而在运输的途中会有很多罪犯丧生。根据记载，三分之一的囚犯会在运输途中丧生。对此，英国政府非常重视，并将原本以船只为标准的运输费支付方式改为以犯人的存活率为标准的支付方式。也就是说，从原来的一艘船只付多少钱的方式，变更为根据生存下来的罪犯数量支付多少钱的方式，结果罪犯的死亡率大幅度下降。

此前，按每艘船收取运费时，船长将安全航行作为唯一的目标。而现在根据生存下来的罪犯的数量来收取运费后，船长也需要负责罪犯们的安全。像这样随着报酬体系的变化，人类对待罪犯的态度也会随之发生改变，这就是人类的本性，虽然我们并不乐于承认这一事实。

但是即使利己心是人类的本能，如果利

己心损害了公共利益，那么这种行为也应该得到合理的制裁。也就是说，如果不能控制人类的利己心，进而损害公众的利益的话，那么便会对公众造成危害。但是亚当·斯密认为人类的利己心最终反而会对公众的利益有所助益。当然，这里所指的利己行为是在不侵犯他人合法权益的情况下,而满足自己需求的行为。

那么应该如何调解个人的利益和公众的利益呢?这将由市场的自我调节机制实现。

扩展知识

拜托了！大象

非洲大象，因为象牙和它的皮革经常会成为偷猎者的狩猎对象。栖息于非洲中东部的大象，从1979年的约100万头急剧减少到1989年的40多万头。大象的处境变得非常危险。为了防止大量猎杀大象，非洲国家采取的政策中，肯尼亚的政策和津巴布韦的政策值得一提。

首先，肯尼亚政府对大象的保护态度非常积极，政府规定：至少10年之内，全面禁止狩猎大象。而津巴布韦政府则赋予每个村落、部落的民众大象的财产权,允许部落民众对部分大象进行合法交易。另外,将大象交易金额的一部分作为基金防止偷猎者捕杀大象。

乍一看,肯尼亚全面禁止狩猎大象的政策,意向非常强烈和积极,应该会取得不错的效果。但是现实的结果却与预想大相径庭。栖息在肯尼亚的大象数量从1979年的65000头减少到1989年的19000头。而栖息在津巴布韦的大象在同一期间反而从30000头增长到43000头。

那么为什么会出现这样的差异呢?这是因为栖息在肯尼亚的大象是所有公民共有的财产,而不是私有的财产。因此无论政府多么费力宣传大象的珍贵性,在居民眼里,大象甚至

还不如自家后院的猪珍贵。另外,对居民来说,大象会践踏自己种的谷物,并且会损害沙漠中的绿洲。因此,居民即使看到偷猎者伤害大象,也不一定会向当局告发。肯尼亚的大象只是受到了法律的保护,而没有受到人们的保护。

与此相反,栖息在津巴布韦的大象对人们来说,却是贵重的存在。人们将大象视为自己的财产,甚至作为观光资源。一部分用来狩猎,公开地进行交易,并且还能够获得收益。津巴布韦的居民自发地将自己部落所属的大象保护起来,免受偷猎者的伤害。

肯尼亚政府保护大象的政策采取了将本就无人拥有的资源转化为公共财产，而津巴布韦政府则将这一资源视作公民的私人财产。最终产生了两种截然不同的结果。

谁来准备晚饭呢？
该煮多少饭呢？
买做好的菜来吃，还是自己做呢？
这便是重要的经济分配问题。
生产什么？分配给谁？
这个问题应该解决。
这个问题和资源分配有关，因为资源是不足的。
利己心
虽然人类有着改善自己处境的利己欲望，但是人类的利己心可以解决经济问题！

经济体制

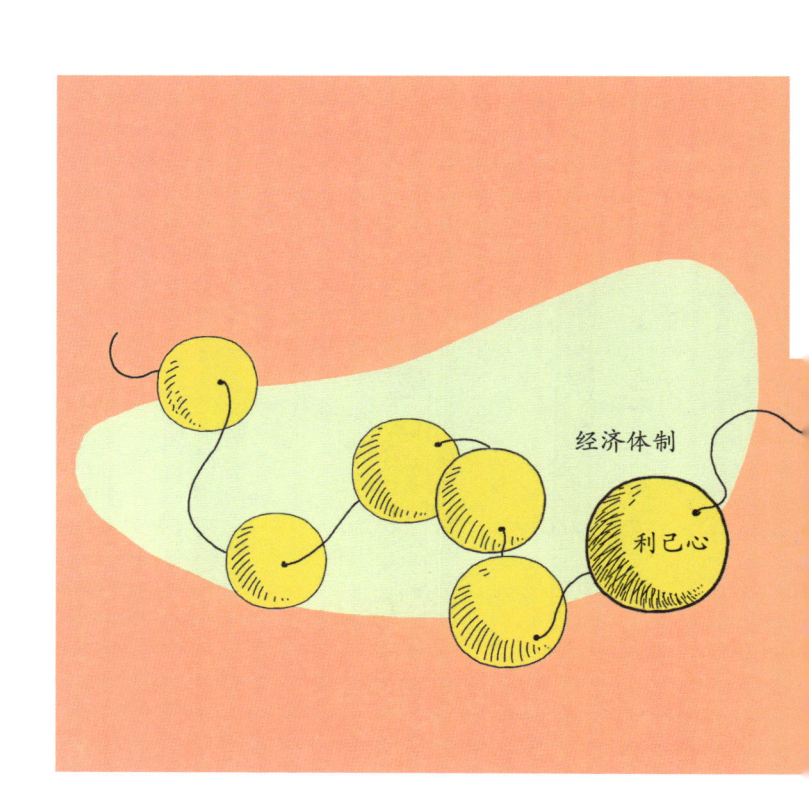

利己心

第二章

分配资源的方法

　　人类利用利己心进行经济活动。但是当各自的利己心产生冲突的话怎么办呢?社会为了防止这样的冲突,制定了规则。也就是说,形成了具体的分配资源的方式。这便是经济体制。

下面我来谈一下，在利己主义下的人类社会生活中，应该如何来分配资源。答案是通过经济体制分配。

让我们来想象一下都有哪些经济体制？

> 经济体制是指在解决经济问题的过程中，规定由谁，如何选择与政策有关的各种法规、机构、组织和价值观等。即，经济体制是分配稀缺资源的系统。

首先，我们可以想象，像家人一样，相互合作并分配宝贵的资源的经济体制。但是在社会生活中，人际关系和家庭关系是不一样的，家人之间彼此相爱，所以，哪怕不是为了自己，为了家人的利益我们也会甘愿牺牲，因此合作通常会很顺利。但是，我们生活在很多完全不认识的人聚集在一起的社会中，比起关心他人，我们会首先考虑自己的利益来行动。因此，我们很难期待无条件的合作。所以，适用于家人之间的资源分配模式很难适用到现实社会中去。那么，现实生活中应该如何进行资源分配呢？

以下我将通过三种经济体制来进行说明。

威权经济体制

第一种是承认其权威性，并根据领导的命令和指示行动的"威权经济体制"。

例如，在军队中，军人完全按照命令来分配资源。根据部队长官的命令，有条不紊地分工，准备晚餐。依照命令分配资源的世界便会形成中央集权的体制，下达命令的领导者则成为社会的中心，处于中心的势力垄断分配资源的权力。这与部队长官在军队里垄断权力的道理是一样的。

在军队中，部队长官虽然会给士兵分发香烟和压缩饼干，但是他们并不会考虑到每个士兵会不会抽烟，是否喜欢压缩饼干，他们就只是每天给所有的士兵同样地分发半盒烟，一包压缩饼干。这样一来，因为每个人得到的东西是一样的，所以可以说资源得到了平均分配。但是这种方法是否具有效率性呢？答案是否定的。对于不抽烟的士兵来说，烟成了毫无用处的资源，而对于喜欢抽烟的士兵来说，一天只有半盒烟又有可能不够。

因此，在分配的过程中，对于不吸烟的士兵，用分配饼干代替烟；而对于吸烟的士兵，用烟代替饼干的话，对双方都有益。但是对于以服从命令为天职的军队来说，可能不会选择这种分配方式。这是为什么呢？因为部队长官并不知道谁喜欢抽烟，谁不抽烟。

军队尚且如此，更何况是比军队规模大数千倍的社会呢？中央政府绝对不会了解，每个公民最擅长什么，最想拥有什么。所以这种体制不具有效率性。

虽然不如军队的数量庞大，但是现实社会也存在着通过下达命令来分配资源的情况。比如说：一人独裁的社会就属于这一范畴。但是，在现实世界中再怎么独裁，也不能像军队一样，无条件地根据威权经济体制来进行资源分配。

法西斯主义的噩梦

法西斯主义可以说是非常具有代表性的独裁体制。法西斯主义来源于1922年至1943年意大利的统治者墨索里尼（Mussolini）的政治理念。法西斯主义一词来源于意大利语里的Fascismo。Fascismo是"束棒"的意思。即：比起个人，更加重视集体的政治形态。重视民族这一集体，所有的决定都由具有权威性的独裁者来下达。

意大利的墨索里尼打出了"构建合作性国家"的口号。但是，这种合作并不是出于自发性的，而是强制性的合作。因为当时意大利关于企业或是劳动的经济政策问题都是由意大利中央政府下达的命令。这一理念强调集体。因此，这种主义不过是统治国民的集体主义而已。

这种法西斯主义给希特勒（Hitler）带来了巨大的影响，并进一步诞生了纳粹主义。但是，这样的独裁体制并不持久，并且最终走向了灭亡。从经济层面来讲，这属于低效的资源分配方法。

哪种分配方法具有效率性

一个社会的资源，应该如何进行分配，才具有效率性呢？由谁来生产什么，由谁来消费什么，才是高效的呢？

事实上，这个问题的答案非常简单。当然是"用最低廉的价格进行生产活动的人生产社会最需要的物品"，"拥有高价值的人来消费生产的物品"才是高效的。

让我们来想一想。

在一个家庭中，由大家来管理家务，由弟弟妹妹出去赚钱，爸爸妈妈去学校上学的话，会怎么样呢？家里大概会一团糟，无法维持正常的开销，进而对未来失去期望。因此，合理的分配方式应该是父母出去赚钱，家长在家里管理家务，孩子去学校上学。这样的话，一切都会变得合理起来，生活变得宽裕，家里也会变得更整洁，未来也会充满希望。

你们家里的资源分配是如何进行的呢？是充满效率的，还是低效的呢？在我看来应该是充满效率的吧，因为家人之间充分了解：谁最适合做什么，谁最喜欢做什么。家庭成员们大体上都会听从负责资源分配的家长的指示。

那么在社会的命令下,社会的资源分配是否会像家庭资源分配一样充满效率呢?答案是否定的。这种分配方法基本不会产生高效率。为了使社会资源分配具有高效性,下达命令的中央集权势力应该清楚,谁最适合生产什么,谁最需要什么。

正如上文所分析的一样,首先,社会的资源分配基本不可能会像家庭一样自发性地进行合作。像军队一样根据命令来进行资源分配的话,又会导致效率降低。因此我们应该寻找其他的办法。

我们可以想到的应对方案就是计划经济体制和市场经济体制。

计划经济体制

> **商品**
> 商品通过使用或消费，发挥本身的作用。

计划经济体制是指由中央政府来控制商品的生产、分配、消费的经济体制。也就是说，在计划经济体制下，资源分配是通过社会整体的合作来实现的。

> 在计划经济体制下，政府不仅决定消费者需要的财物和劳动的种类和数量，还决定着生产方法。个别企业只需要执行政府的这种决定就可以了。

计划经济体制的出发点是将世界刻画成自己理想中的模样，但是在我看来这有些过分自信了。

怀揣着这样信仰的人们通过政治性的合作过程来设计理想，并把人们想象成棋盘上的棋子，自己可以随心所欲地控制。这种错觉可谓是非常离谱，亚当·斯密在《道德情操论》一书中，针对这种错觉是这样描述的。

探索体制的人往往会误以为自己非常明智，他们似乎认为可以把偌大社会中的成员们当作棋盘上的棋子，根据自己的想法来操控他们。但是，他们没有意识到，自己之所以可以随心所欲地移动棋盘上的棋子，只是因为这些棋子没有办法通过自己的意志来移动。

在名为人类社会的棋盘上，每个棋子都在按照自己的运动规律来运动，而这一规律可能与立法者设计的方向相同，也有可能是相反的。

如果这两个原则以相同的方向运动的话，人类社会就会平稳成功发展，那么，生活在这里的人们就会很幸福。但是如果这两种原则产生冲突的话，游戏将会变得非常悲惨，因为人类社会将会受到极度无秩序的折磨。

如上所述，亚当·斯密反对把社会想象成建筑房屋并进行设计这一想法。

后来，英国的道德哲学家兼社会家亚当·弗格森（Adam Ferguson）也表示"社会现象之所以会形成，是人类通过自身行动造成的结果，而不是某些人设计出来的结果"。

下面我将举一个例子来证明世界不会按照人类设计的样子去运转。

1919年，美国通过了禁酒令这一法律，即：禁止酒的生产、贩卖、运送以及进出口。禁酒令以"人为地创造没有酒的世界"作为出发点。就像可以按照自己的想法下棋一样，但是，人类世界真的可以变成没有酒的乌托邦吗？现实正好与想象相反。

就像嘲笑禁酒令一般，非法营业的酒馆像毒蘑菇一般，在大城市蔓延开来。在实施禁酒令之前，纽约大概有15000所合法营业的酒馆。

在实施禁酒令之后，产生了32000多家非法营业的地下酒馆。

让人意想不到的是，由于禁酒令的实施，出现了阶级的划分。渐渐地，饮酒成为特权阶层和富人阶层的象征。对于穷人来说，喝酒成为一种奢望。无奈之下，在地下室通过蒸馏机来获得酒的平民家庭越来越多，这样粗制滥造得来的酒质量无法保证。因此，很多人的健康急剧恶化。禁酒令虽然成了理想世界的天使，但是同时也成了现实世界的恶魔。那是因为，制定禁酒令的人认为：人类的行为就像棋盘上的棋子一样，可以随意摆布。

少数服从多数原则的陷阱

计划经济的协商过程也存在着许多问题。

想必大家也都知道,最具有代表性的协商方法就是少数服从多数原则。但是少数服从多数原则是非常不稳定的,甚至有时会成为危险的原则。

举一个例子来说:由15个人按照少数服从多数原则来分配3000万韩元①。

我们首先想到的分配方法是将3000万韩元平分,也就是每个人分到200万韩元。

1. 3000万韩元 ÷ 15人 = 200万韩元

但是这种方法从政治层面上来讲并不安全,因为这15个人中,其中几个人可能会串通好,利用少数服从多数原则来谋求自身的利益最大化。

---

① 1韩元≈0.0054元人民币。——编者注

在这15个人中,如果有8个人暗中串通好,将3000万韩元据为己有。那么,这8个人每个人可以分到375万韩元,剩下的7个人将会1分钱都收不到。暗中串通好的这8个人全部赞成这种分配方式的话,双方阵营就会变成8∶7,根据少数服从多数原则,这种方式有可能会被采纳。

2.暗中串通好的这8个人每个人可以分到的钱:

3000万韩元÷8人=375万韩元

剩下的7个人每人分到的钱为0韩元

但是这种分配方式并不安全。因为剩下的7个人如果成功拉拢另外8个人中的1个人的话，原先的7个人就会变成多数派。

比如，劝说原先8个人中的其中1个人倒戈，并承诺给他900万韩元，剩下的2100万韩元7个人平分，每个人便可以得到300万韩元。

3. 原先8个人中的其中1个人倒戈，之前的7个人承诺给他900万韩元的话：

- 这个人可以分到的钱：

 900万韩元

- 剩下的7个人每人分到的钱：

 （3000万韩元 – 900万韩元）÷ 7人 = 300万韩元

选择加入少数派的那个人可以将自己收到的钱从375万韩元提升到900万韩元，这样一来，第一次暗中串通好的8个人都会对少数派的提议心动。

此外，在第一次分配中，1分钱都没能得到的那7个人，通过新的分配方法也可以得到300万韩元。这无疑对他们自身来说是有利的，因此，这种新的分配方式也有可能会被采纳。

像这样在少数服从多数原则下，可能会产生无数种分配方法，因此更不存在稳定的价格。由此可知，被认为是合理的少数服从多数的协商方案，在政治层面上也可能不是公平的。

我将在下一章对比计划经济体制的特征与市场经济体制的特征。市场经济体制下的资源分配是通过人们自发性的交易实现的。

因此，在社会拥有共同的生产方式的社会

主义国家，可以采用计划经济体制；在每个人拥有自由的生产方式的资本主义国家，可以采用市场经济体制。

当然，在计划经济体制下，担任社会协商这一角色的政府发挥着重要的作用。因此，中央集权式的资源分配下，拥有权力的人为了达成某些目的，将会进行人为的资源再分配。

与计划经济体制不同的是：市场经济体制是自发性的经济体制。这是一种大家使用自己拥有的资源，通过市场来寻找自己所需要的资源的经济体制。因此，在选择了市场经济体制的资本主义国家，对于资源分配，很多人都拥有权限和责任，同时还不掺杂其他目的。

但这并不是说计划经济体制完全无视市场的作用，市场经济体制完全无视政府的作用。

这两种经济体制的差异在于市场机构和政府之间的角色分配程度。具体来说就是允许个人在什么范围内进行自由的经济活动，政府的政治权威可以发挥到什么程度以及政府可以介入经济活动的程度。

市场经济体制

在市场经济体制下，每个人通过市场经济活动来获取自己需要的资源，这时，不需要考虑他人的利益，只需要考虑自己的利益，对自己有利便足够了。

也就是说，市场经济是指商店、企业、政府等所有的经济主体通过市场自由地进行经济活动。以通过需求和供给的相互作用形成的市场价格为信号来分配资源。

但是这里产生了一个疑问：在人们不进行合作，并且不一定要服从命令的情况下，每个人各自追逐自己的利益，那么市场经济体制如何维持秩序呢？

其实不必担心这个问题，市场经济体制比起通过命令来维持秩序的计划经济体制秩序，不仅更加井然有序，而且比起考虑他人生活、充满利他主义的世界，确实可以让生活更加平稳。

利己主义如果不考虑他人的感受，只顾自己的话，会无止境地争吵。那么，如何做到秩序井然，而且还很平稳呢？这似乎很难理解。

以追求私利为基础的市场经济，不仅是私利，而且还可以实现公益最大化，这更让人难以相信。

这个秘密的钥匙就是"看不见的手",大家继续看下去就会理解:市场经济体制是如何通过"看不见的手"维持秩序,实现个人和集体利益的最大化,如何使国家变得富强的。后文的内容基本都是围绕市场经济体制展开的。

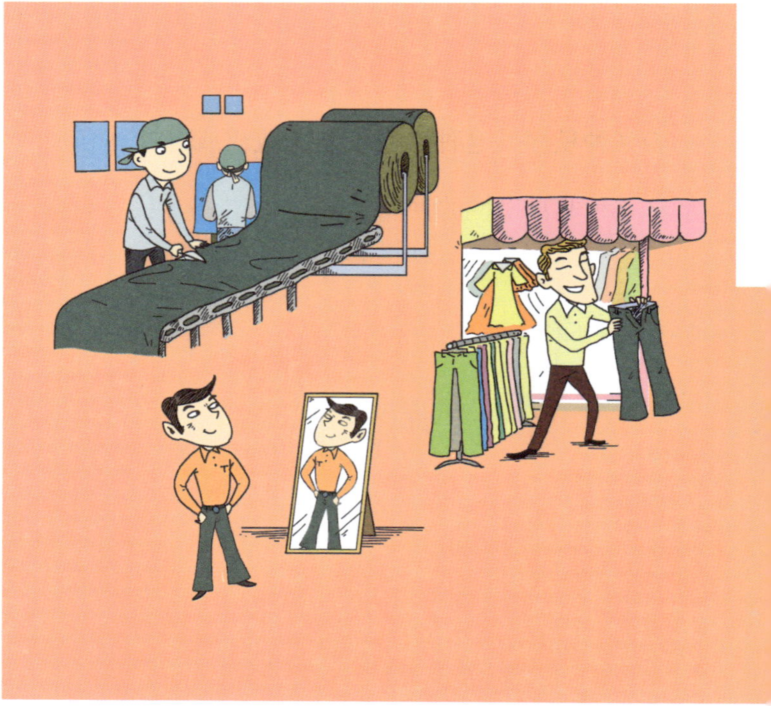

第三章

动起来吧！市场经济

乍一看，市场经济是混乱无序的，这是因为这里鱼龙混杂，各种各样的人扮演着生产、分配、消费的角色。但是，市场经济明显存在着某种秩序。这种秩序不同于威权或是计划经济这种非自发性的秩序。

想必大家都听过"合则生，分则死"这句话吧。这句话的意思是：如果每个人都只追求自己的利益，那么社会就会变得一团糟；如果每个人都选择做出一点牺牲，考虑集体利益，那么大家就都可以受益，整个社会就会其乐融融。

如果我们所有人都不顾他人的处境，只顾自己利益的话，这个社会会变成什么样呢？我认为这就像在红绿灯发生故障的十字路口，所有的车都会堵在一起，从而陷入混乱的局面。

换句话说，如果利己心不能得到控制的话，就会出现纷争不断以及相互仇视、冷漠的社会现象。那么就需要交警这样的角色来疏通堵在十字路口的车辆。因此，必须要有一个角色来制约我们的利己心。

比起以博爱心为基础的世界，即使我们只追求自己的利益，这个世界也有可能会是秩序井然的、美好的。

这听起来是不是很奇怪？按理来说，遇事先考虑别人，为了别人的利益宁愿牺牲自己利益的世界，才会更加美好。为什么充满利己主义的世界会更加和睦、美好呢？想必，大家一定充满了好奇。

这个问题的答案就是"看不见的手"。

市场上有许多人为了自己的利益而讨价还

价，交易成功后又各自离去。乍一看，这样的市场似乎没有秩序，但是事实并非如此。这种市场秩序并不是强迫人们遵守的。以利相交，利尽则散。人们自发地守护着这种秩序。当然，人们不仅不知道自己无形中维持着这个秩序，甚至对此毫无关心。那么，市场的秩序是如何自发地维持下去的呢？

只要存在交易，双方都可以从中获利。因为当事人会考虑到自己的得失来选择性地进行交易。市场中有1万人进行交易，就有1万人从中获利，100人进行交易的话就会有100个人从中获利，因此在交易结束后所有人都很满足。

乍一看，市场似乎是没有秩序的。但是市场根据需求和供给会自发地维持平衡，这就像有一双看不见的手在操控一样。

下面我将为大家说明什么是需求和供给，以及需求和供给是如何维持市场平衡的。

需求是指花钱的计划

对商品的需求是指当具备某种条件时，消费者购买此种商品的计划。

例如，小明计划一周购买3罐饮料，那么在具备相应的条件后，一周内小明对饮料的需求便是3罐。

但是，单纯的购买意向并不能构成需求。需求必须以拥有购买能力为前提。如果只是单纯想拥有某种商品，这称不上需求。一个身无分文的人说："我今年夏天想去欧洲旅行"，这也不能构成需求。但是，如果已经准备好了去欧洲旅行的钱的话,便可以称为去欧洲旅行的需求。

那么决定需求的条件是什么呢?

任何可能影响需求的事项都包含在相应的条件中,当然这种条件可能不止一两个,因此无法一一进行列举。但是让我们思考一下,其中代表性的因素是什么呢?想必答案已经在大家心里了。

价格创造需求的法则

首先浮现在我们脑海中的条件就是价格,人们常常有这样的购物倾向:如果商品价格昂贵的话,就会少买一点;价格便宜的话,就会多购买一点。这样的现象,被称为需求法则。

但是在现实世界中,经常会出现违背需求

法则的现象，比如说，在寒冷天气持续的情况下，即使大幅度下调可乐的价格，人们对可乐的需求仍会减少。按照需求法则，如果价格下调的话，需求应该会增加。但是现实却是：需求不但没有增加，反而减少了。这看起来似乎违背了需求的法则。但是仔细想想，虽然下降了价格，但是冬天可乐需求减少这一现象仍然符合需求法则的规律。

需求法则是有前提条件的。也就是说，除了价格之外，需要在影响需求的所有条件不变的情况下，法则才可以成立。即：需求法则就是固定除了价格之外的变数，只有价格和需求量进行变化的法则。

在上文所举的例子中，由于天气可以影响需求。因此即使下调价格，需求仍然没有上升。

由此我们可以看出：在这种情况下，极寒天气所带来的影响比价格下调更大，如果不进行价格下调的话，需求量只会以更大的幅度下降。

冰茶①是劣等品

除了价格之外，影响需求的条件还有收入。无论这个商品多么便宜，如果没有钱的话，这个商品都只能像水中月一样遥不可及。相反，如果收入增加的话，购买力也会随之上升，从而需求也会随之增加。当然收入增加需求减少的商品也是存在的。

例如，拿冰茶来说，人们更倾向于橙汁、西红柿汁这种用新鲜水果、蔬菜榨出来的饮

---

① 一种冷饮的茶，在茶上加冰即成，有时会加上甜味剂。——编者注

料，而不是充满人工色素的冰茶。

像冰茶这种，在收入增加的情况下，需求反而减少的商品叫"劣等品"。像新鲜的果汁一样，随着收入的增加，需求也会随之增大的产品叫"优等品"。当收入增加，需求也随之增加的大部分商品都是优等品，比如说一般性的商品、物资或者是服务。

可乐，汽水，汉堡

人们对某种商品的需求会受到与这个商品相关的其他商品或者是服务价格的影响。

比如说，人们对可乐的需求与汽水的价格有关。汽水的价格下调的话，人们对可乐的需求就会减少。这是因为原本想要购买可乐的消费者会倾向于买价格低廉的汽水。

相反，当其他的产品下调价格的时候，人们对可乐的需要反而增加的情况也是存在的。假设下调汉堡的价格，那么人们对可乐的需求就会增加。为什么会这样呢？请试想一下，吃汉堡配白开水的话，想想都觉得很不舒服吧？汉堡的油腻感，让人们觉得吃下半个都会变得很困难，所以要搭配可乐。因此，人们在购买的时候常常会同时购买汉堡和可乐，所以，当汉堡的价格降低时，人们对汉堡的需求会增加，进而对可乐的需求也会随之增加。

像汽水和可乐这样可以相互替代的产品叫作"替代品"，像汉堡和可乐这样通常成双成对出现的产品称为"补充产品"，所以其他商品的价格也有可能会对另一种商品的需求产生影响（如图3-1）。

图3-1 替代品和补充产品

除此之外,还有很多影响需求的因素,在这里就不一一列举了。同时也不能忽略"消费者喜好"这一因素,有没有对桃子过敏的朋友?如果一个人对桃子过敏的话,即使他手头再充裕,桃子的价格再便宜,恐怕他也不会买来吃吧。

绘制需求曲线

对于众多的决定因素和需求量的关系,我

们很难一次性地讲透。

比如说，可以一次性绘制出一个物品的需求量与其价格、消费者收入以及其他商品的价格之间的关系吗？答案是不可以。

通过绘制图表体现出一个物品的需求量与其价格、消费者收入以及其他商品价格的关系的话，需要四个轴构成。由四个轴构成的空间，也就是四维空间。但是我们所生活的世界是三维空间，所以这很难通过图表绘制出来。

事实上，绘制三维空间的立体图表，也是非常困难的。像笔者这样缺乏绘画才能的人，绘制这样的图表是很艰巨的任务。

但是，这个问题是可以通过假设来解决的，那就是将影响需求量的经济变数缩小为两个。例如，只把一个商品的需求量和其价格作为研究对象，那么，剩下的影响因素如何变化呢？那就大胆假设其他的影响因素不变吧。像这样除了研究对象以外，假定其他因素都是固定的研究方法，在经济学中被称为"其他条件不变法"（Ceteris paribus），英语是"other things being equal"的意思。

> 具备购买能力的消费者，在一定时间内，想要购买的商品和服务的量称为需求量。表示这一商品价格和与此相对应的需求量之间的关系的曲线就是需求曲线。

我们在分析一个商品的价格和其需求量之间的关系时，因为假设其他的影响因素都是不变的，所以其他因素不会对商品的价格和需求量的关系产生影响，这时，可能发生变化的量只有商品的价格和需求量。

现在，让我们绘制一个由两个轴分别代表商品的价格和需求量的图。假设纵坐标表示价格，横坐标表示需求量，绘制出一副如图3-2这样表示价格和需求关系的图。商品价格高的话，需求量就要画少一点；价格低的话，需求量就要画多一点。最后得到一条向右下方倾斜的线，这就是需求曲线。

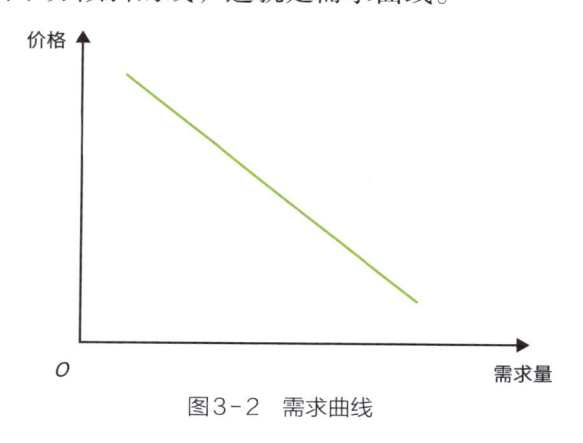

图3-2 需求曲线

这里要注意的是，需求曲线体现着消费者预计消费的量，并不是实际消费的量。

比如，当1瓶可乐的价格是500韩元时，

你打算1周喝5瓶。但这并不意味着1瓶可乐的价格是500韩元的时候，1周真的喝5瓶。需求曲线只是单纯表示当1瓶可乐的价格为500韩元时，消费者预计1周消费5瓶；1瓶的价格为1000韩元的话，预计1周消费3瓶；1瓶的价格为2000韩元的话，预计1周消费1瓶这样的消费倾向。

消费者如果想按照需求曲线实际消费的话，就要遵守以实际对应的价格进行的供给。虽然在相应的价格上决定供给的不是消费者，而是生产者，但是生产者实际上是否会以这个价格进行供给，这是无法确定的。

就如同消费者会根据自身利益来行动一样，生产者也会寻找对自己最有利的方向来进行生产活动，因此生产者是否会根据消费者的意向进行供给，这是个未知数。

下面让我们来看一看，生产者如何根据价格变化来调节供给量。

供给就是产量计划

需求体现的是消费者购买商品的计划，供给体现的是生产者销售商品的计划。如果具备了某些条件，生产者的生产和销售计划就是供给。

比如说，在一定的条件下，某汽车生产厂商打算一年生产并销售200万辆轿车。那么200万就是这一汽车的供给量。

那么影响生产销售的因素是什么呢？为了弄清这一点，必须理解负责生产的主体，即企业的生产活动。

这里所讲的企业并不仅限于大企业,就连学校旁边的小吃店、文具店等小规模企业也包含在内。

企业为什么要生产产品呢?这个问题很简单,当然是为了赚钱。

美国的企业文化

美国企业可谓是将"利润最大化"这一理念体现得淋漓尽致。美国是世界上市场经济最发达的国家。因此,在美国,市场竞争比起任何一个国家都更激烈,在这种以业绩为主的体系中,如果不能得到预想的利润,那么,无论是哪个企业都难以生存下去。即使在其他国家,存在影响利润的不必要费用或是低效率的生产方式也是不被认可的。在美国,这只会成为企业中持续的结构调整对象。无论是首席执行官还是中层管理者或是劳动者，都会成为结构调整的对象。

持续地创造利润

这句话是所有美国企业的信条。企业管理者如果不能遵守这个信条的话就会被辞去职务。美国企业的结构调整是不断进行的，一个企业即使之前一直赢利，但是现在不能持续创造利润的话，也会立即进行调整。

这种美国企业文化在强化企业竞争力方面做出了贡献，但是也产生了很大的副作用，经常进行结构调整的美国企业的首席执行官们比起企业的长期发展，他们更注重短期利益。一个季度的净利润下降的话，股东们就会强烈地抗议。实际上很多企业的首席执行官由于短期业绩不振，被股东们撤换。因为深陷于短期性的目标，所以经常会发生企业由于长时间无法维持自己的竞争力而破产的现象，美国的代表性汽车企业通用汽车陷入困境的原因也是如此。

什么是国有企业

在市场中并不是只存在追求私利的企业，也存在着以公共利益为目标的国有企业或是从社会服务层面运营的部分非营利法人。但是与整体经济规模相比的话，后者所占的比重并不大。

这里所讲的国有企业是指国家政府当家

做主的企业。这与独立个人当家做主的私营企业是两个截然不同的概念。企业主是企业的主人，因此，企业主追求利益是理所当然的。但是，国家的主人是全体国民，因此，国有企业追求的是全体公民的利益。

那么，国有企业主要负责哪些行业呢？如果国有企业由追求私利的私营企业负责的话，那么公共利益萎缩的危险性就会上升。

例如：高速公路、水道、电力就属于这一类行业。不能为了几个人的利益，就限制高速公路的通行，水道、电力的供给。因为这些事业的公共利益很重要，对于我们来说都是不可或缺的。当然没有法律规定，私营企业不能做公共利益高的行业。相反，有的时候比起国有企业运营，私营企业运营反而能更好地保护公共利益。

另外，非营利法人是指不以赢利为目的的团体。比如说红十字会、各种宗教团体、市民团体等都属于此类。他们并不是为了自己的利益，而是从社会服务角度向我们提供各种服务。

让我们来试着运营一下石油公司吧！

现在我向大家提出一个问题：如果企业在某些因素发生改变的情况下，如何调整自己的供给量？影响企业的供给量最重要的因素是企业生产的商品的价格。

下面我将通过原油供给来向大家说明商品价格是如何影响供给量的。现在我们假设石油开发公司总共拥有3口可以开采原油的油井。

当然原油的生产费用受原油被埋藏的深

度、开采的位置是陆地还是海洋等多种因素影响。因此，为了便于说明，如表3-1所示，假设这3口油井的生产费用分别是每桶30美元、60美元、90美元，每个油井的生产能力是1天50万桶。

表3-1 油井生产费用表

油井	生产费用（美元/桶）	生产能力（万桶/天）
油井A	30	50
油井B	60	50
油井C	90	50

假设在原油市场上1桶石油的价格为20美元，那么这个时候，公司将生产多少石油供给给市场呢？这个问题并不难答出，答案就是这个石油公司将关闭其所有的油井不再进行生产。因为哪怕是生产条件最好的A油

井，生产1桶石油的话也需要30美元，如果将它卖向市场的话，却只能收到20美元，因此公司会越卖越亏。没有哪个企业会做亏本生意，所以在市场价格为30美元1桶以下的情况下，这个公司根本不会进行原油生产。

现在假设原油在市场上以1桶50美元的价格进行交易，会发生什么样的变化呢？这时候A油井就会开始生产，因为以每桶30美元的价格生产原油的A油井，以50美元1桶的价格卖向市场，石油公司每卖1桶就会获得20美元的利润，作为追求利润的企业，如果有利可图的话，当然不会放弃。事实上，A油井只要市场价格达到每桶30美元以上，就会持续进行生产。差异只是如果市场价格高的话，企业的利润也会变高；市场价格降低的话，利润就会降低而已。

　　同样地，如果市场价格达到每桶原油70美元的话，这家企业将如何生产原油呢？这个时候不仅是 A 油井，B 油井也将开始生产。这是因为，当原油以每桶70美元的价格售卖的话，B 油井将从中获得10美元的利润，当然 A 油井也可以获得每桶40美元的利润。因此，在原油每桶70美元的市场价格下，这个公司每天可以向市场供应100万桶石油。

　　当原油的市场价格继续上涨，达到每桶100美元的话，这时，3个油井都将投入生产。如果每桶原油的市场价格为100美元的话，生产条件最差，生产费用最高的 C 油井的经济性也会复苏。

　　如果将以上的内容用图表表示出来的话，

就会获得如图3-3一样的阶梯形状的图表。由图可知，当原油的市场价格在30美元以下的话石油公司根本不会向市场供应石油。但是当原油的市场价格在30美元到60美元之间的时候，A油井将每天生产50万桶石油；当原油的市场价格在60美元到90美元之间的时候，A油井和B油井都将投入生产，每天可以向市场供应100万桶的石油；当原油的市场价格超过90美元的时候，三个油井都将进行生产，一天可以向市场提供150万桶的石油。

这里我们需要注意的是，该图表示各个价格水准下企业的希望供给量，而不是实际供给量。如果原油价格是100美元每桶的话，3个油井都将投入生产，每天向市场提供150万桶石油，但是这并不意味着实际增加的供给

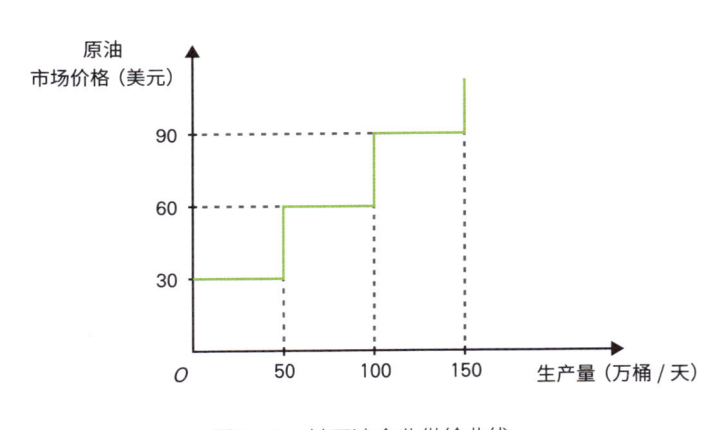

图3-3 某石油企业供给曲线

量都会进行交易。想要生产的量都进行实际交易的话，必须要产生相应的需求才可以。

如图3-3所示，各阶梯的位置与各油井生产费用是一致的。图3-3是某一特定企业的供给计划，在世界上有无数个企业正在进行着类似的生产活动。生产石油的油井也有数千个，因此，每个油井生产石油的费用是不同的，如果按照大小顺序排列的话，将会分布得十分密集。那么请想象一下，如果不是某一特定企业，而是将市场上存在的所有企业的供给计划都用图表来表示的话，会怎么样呢？是的，每个阶段都将会变得很密集，几乎都是柔和的曲线，也就是如图3-4所示的市场供给曲线。

通过图表我们可以看出，供给量随着价

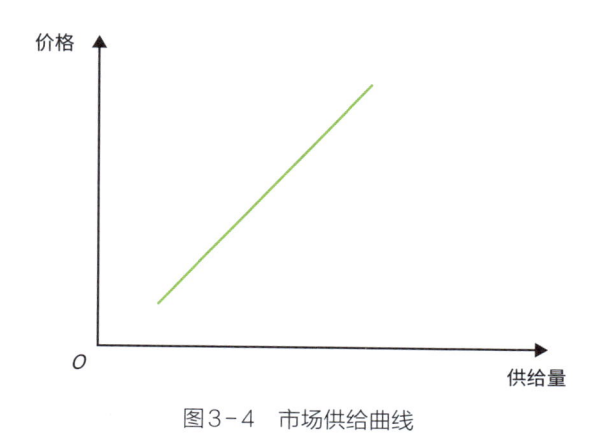

图3-4 市场供给曲线

格的提高而增加；随着价格的降低而减少。即价格和供给量以相同的方向运动，当然这一切都是以除了价格以外的其他因素不变为前提。也就是说，当价格升高，但是生产费用增加得更多的话，生产量也可能会出现下降的情况。

下面我们来看一看，除了价格之外，还有什么因素会影响供给量。

影响供给的其他因素

除了价格之外，影响供给量的因素还有技术水平、生产要素的价格等。提高技术水平是指在生产要素的总量确定的情况下，可以生产更多的产品。当然技术提高的话，生产费用将会减少，企业的利润将会提高。这和提高价格

> 和需求曲线不同,供给曲线呈右上型,这意味着生产者提高价格的话,供给量上升;下调价格的话,供给量减少。

导致供给量增加的原理是一样的,提高技术的话,供给量也会增加。

但是生产要素的价格则会产生相反的效果。生产要素的价格上升的话,生产费用也会随之上升,企业的利润将会下降。因此,按照现在的逻辑来看的话,供给量将会减少。也就是说,生产要素的价格和供给量是成反比的。

除此之外,影响供给的因素还有许多。想要一次性地用图表解释清楚的话,就会像需求曲线一样,需要多个轴。所以,我们在对供给曲线进行分析的时候,需要控制除了价格以外其他的因素,根据价格的变动来体现供给量的变化。

以上我们讨论了需求和供给是如何形成的问题。下面，我们将讨论需求和供给是如何相互协调的。

太贵了!
老板疯了。大甩卖!!!
喧闹
这么复杂又吵闹的市场，运行原理到底是……
当然是“需求”和“供给”。
需求受什么影响呢?
需求由商品的价格、消费者的收入、其他商品的价格等决定。
那么，供给受什么因素影响呢?
供给由商品的价格、其他企业的技术水平、生产要素的价格等决定。
提高价格的话，需求减少；降低价格的话，需求增多。
新品
相反，提高价格的话，供给增多；降低价格的话，供给减少。
新品
停止生产线作业。
想要理解需求和供给的法则的话，首先要理解市场经济的运行原理!
价格
需求
数量
原来如此，你好聪明!

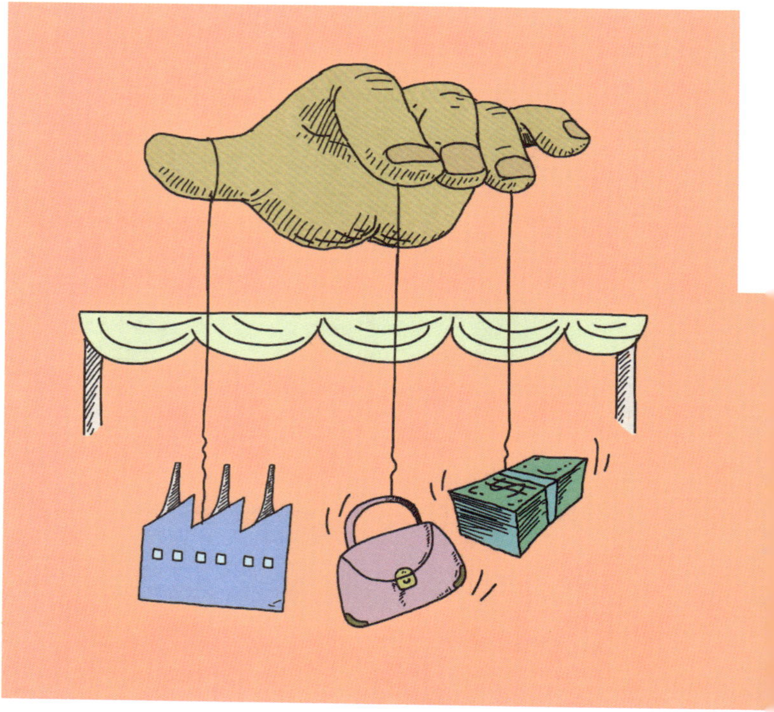

第四章

看不见的手的魔术

　　根据"看不见的手"的原理,即使不考虑别人,只追求自己的利益,我们的个人需求也都会得到满足。

需求和供给的协调意味着当需求和供给达到一致时市场实现均衡。

如果市场上的商品价格过高的话,就会发生超额供给的现象。生产者即使降低商品价格,也要出售商品,这时市场价格就会降低。像这样当需求和供给无法达到平衡状态的话,无论是消费者还是生产者,都会产生不满,因此,便会设法解决这些问题,正是通过这样调节的过程,市场再次实现平衡。

让我们来思考一下。市场失衡的话为什么会有人不满？如何消除这种不满并回到平衡状态？

智能手机的需求、供给、平衡

如图4-1所示，以智能手机的供给和需求为例，需求曲线上的点B表示，当智能手机价格为30万韩元，消费者想要购买500万部智能

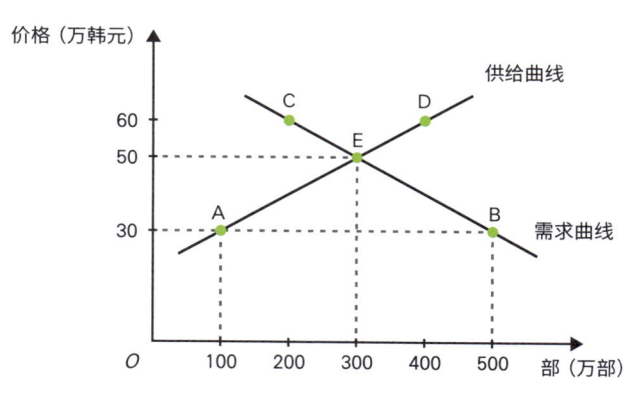

图4-1 智能手机市场的需求、供给曲线

手机。点 A 表示，当智能手机价格为30万韩元，生产智能手机的企业想要供给手机的数量在100万部左右。

为什么当一部手机的价格是30万韩元的时候，消费者想买500万部手机呢？这是因为，当一部手机的价格为30万韩元的时候，市场上如果存在500万部手机，那么消费者的满意度，即消费者需求将会达到最大化。

同样地，当一部手机价格为30万韩元，企业生产100万部手机将获得最大的利润。同理，一部手机价格为60万韩元的话，消费者在购买200万部时，实现需求最大化。生产者在供应400万部手机时，企业实现利润最大化。

总之，需求曲线体现的是消费者需求最大化的集合；供给曲线体现的是生产者利润最大化的集合。消费者在需求曲线上消费时,他的利益和需求将实现最大化;生产者在供给曲线上进行生产时,将实现利润最大化。相反地,消费者在非需求曲线上进行消费时,将无法实现他的利益和需求最大化。生产者在非供给曲线上进行生产时,将无法实现利润最大化,因此便会感到不满。

如图4-1所示,需求曲线和供给曲线同时满足消费者和生产者需求的地方在哪里呢?当然是点E。因为点E既属于需求曲线也属于供给曲线,因此,如果在点E进行交易的话,也就是说,当一部智能手机的价格为50万韩元,厂商生产300万部的时候,消费者将实现他的利益和需求最大化,生产者将实现利润最大化,双方都很满意。

但是，这里有一个有疑问的地方。

现在我们知道了生产者和消费者同时获得满足的价格水准和交易量处在什么位置。但是，这种水平下的价格和交易量，实际上是如何形成的呢？也就是说，谁决定一部智能手机价格是50万韩元以及如何实现300万部的交易量呢？

在市场经济中，价格和交易量并不是人为决定的，而是需求者和供应商之间自发实现的。

如果需求者和供应商聚在一起召开会议决定的话，那就好办了。但是，事实上，双方都满意的价格和交易量是如何自发决定的呢？

此外，无论是需求者还是供给者，别说对方的想法，甚至连自己的想法都不是很了解。

需求者不了解供给曲线，甚至连需求曲线是如何产生的都不知道，供给商亦然。

也就是说，需求者和供给者在市场中只了解价格，而无法了解供给曲线或是需求曲线，这种情况下，双方只能将市场中的价格当作信号。仅仅是消费者决定需求量、生产者决定供给量而已。但是需求量和供给量是如何达到一致的，这似乎很难理解。

此时市场就像被"看不见的手"这一"魔术棒"牵引着一样，自发地达到平衡状态。那么从现在开始，我们来看一看市场是如何通过"看不见的手"自发达到平衡状态的。

由"看不见的手"牵引所到达的地方

平衡是指只要不受到新的外力，就会维

持现状的状态。那么市场的平衡是怎样达到的呢？

其实，市场的平衡和物理学中所讲的平衡是类似的。

在装满热水的大容器中，放入一个装满冷水的小容器，两个容器之间就会发生热交换。容器里面的水就会从原有的温度变化为另外一个温度。在进行热交换的期间，水温不会一直维持在一个平稳的状态，因此，在进行热交换的时候，整个体系是处于一个不平衡状态的。那么热交换会持续多久呢？答案是：当两个容器里面的水温相同的时候，热交换就会停止。

当两个容器的水温达到一致的时候，交换就会终止，并进入均衡状态。在不放入其他温度的水的情况下，容器里的水温将会稳定在一个温度，从而达到均衡。

市场均衡也是如此。只要构成市场的需求和供给没有受到新的外力影响，持续维持目前的状态就是市场均衡。

也就是说，实现水温均衡和市场均衡的原理是一样的。

市场是一个抽象空间，就是购买什么商品的需求和想要售卖什么商品的供给相遇并进行交易的场所。把市场比作一个抽象空间是因为市场不仅限于像在农贸市场、批发市场这样可以为肉眼所见的空间，还包括股票市场、外汇市场等看不见的空间。

因此，市场均衡是指处于想买多少买多少，想卖多少就卖多少的状态。也正是因为处于想买多少就买多少，想卖多少就卖多少的状态，所以当没有人想改变并期望一直保持现在的状态时，这就是市场均衡。值得注意的是，想买的量和想要卖的量在互相给予一定价格的状态下才会形成均衡。

无论是谁，都可以想买多少就买多少，想卖多少就卖多少的话，那么市场均衡会成为没有一方不满的理想状态吗？并不是这样的。因为只有在免费的情况下，想买多少就买多少，想卖多少就卖多少，才可以称为理

> 市场均衡是指在市场中需求量和供给量达到了一致的状态。在需求量和供给量达到一致的状态下，形成的价格称为均衡价格，这个状态下的交易量称为均衡交易量。

想状态。但是遗憾的是，世界上没有免费的午餐。

以智能手机为例，试问有哪个企业愿意免费赠送手机呢？如果免费送给消费者手机的话，恐怕手机会被哄抢一空吧。

比如说，偶尔在学校门前免费送一杯饮料作为宣传，大家都会排起长队来领。如果智能手机是免费赠送的话，想必大家会为了争抢手机乱作一团。

如果某种物品是免费的话，只会存在想买的人，而不会存在想卖的企业。既然不存在卖家，那么，我们当然也就买不到这种产品了。因此，免费这一假设是无法成立的，并且免费也不是均衡状态。

如果假设一部智能手机的价格是200万韩

元，会发生什么情况呢？消费者无论多么想要拥有这部手机，但是在价格为200万韩元的情况下，想必想买这款手机的人也不会很多。那么，假设这款手机真的以200万韩元卖出的话，那么企业即使中断其他产品的生产，也会大幅度地增加这款手机的生产量吧。

这是因为，比起售卖其他的产品，售卖这款手机可以带给企业更大的收益。但是这种情况也不属于市场均衡，因为，即使企业愿意以200万韩元的价格进行售卖，愿意买的人也寥寥无几。

这时候就会发生超额供给的现象。超额供给是指由于需求量小于供给量，导致企业的产品发生库存

> 当市场价格高于均衡价格的时候，就会发生超额供给的现象，在这种情况下，一部分生产者即使降低价格也要将产品卖出去，因此会导致商品的市场价格下降。

最新款手机一部
200万韩元。
200万？
哇！一部卖200
万？那得多生产
一些来卖！
没有人会买的！
这么贵，肯定
买得到。
这就是超
额供给。

积压的现象。

如果连一部200万韩元的智能手机都卖不出去的话,那么不仅企业自己的口袋里没有收入,还会损失很多生产费用,可谓是"赔了夫人又折兵"。但是,如果每部手机以100万韩元的价格进行销售的话,生产者的口袋里至少还可以得到100万韩元。在生产费用少于100万韩元的情况下,企业多少还可以获得一些利益。

因此,商家比起以200万韩元一部的价格出售手机,以100万韩元一部进行出售的话,对于商家来说也是有利的。结果就是智能手机市场无法维持200万韩元一部的价格,市场整体价格自然也就降价了。

那么价格在什么时候会下降呢?就像上面

> 超额需求是指市场价格比均衡价格低的状态。在这个状态下，即使价格有所上涨，消费者仍然会购买这种商品，这时，市场价格就会上升。

说的一样，价格不会下跌到免费的程度，因为，如果价格太低的话，就会出现超额需求的现象。与超额供给现象不同，超额需求是指在某个价格线上，需求大于供给的状态。也就是说，相当于把价格设置为0元一样，生产者不会再进行生产，消费者想买也买不到。

比如说，消费者想买一部价格为30万韩元的手机，那么这款手机对于消费者来说，最少要提供30万韩元的价值，因为如果这款手机连30万韩元的价值都无法达到的话，人们是不会买这款手机的。

相反，如果这款手机价值为50万韩元，消费者通过30万韩元就可以购买的话，那么购买这部手机将会产生20万韩元的剩余价值，这时消费者就会想要购买这部手机。

因此，当手机价格为30万韩元时，市场出现超额需求现象。这意味着，如果以30万韩元购买一部智能手机，可以免费获得剩余价值。那么，消费者中的一部分人因智能手机供给量不足而无法购买，也就无法获得剩余价值。

可以免费获得剩余价值的消费者，当然不会放弃购买手机的机会。虽然如果有些消费者因为无法购买到手机，而无法获得剩余价值，但是稍微上调价格仍然可以获得剩余价值的话，那么对于消费者来说，还是愿意继续购买手机的。当然，这时购买这款手机的剩余价值就会下降。

在一部智能手机的价值为50万韩元的情况

下，如果消费者用30万韩元无法买到，用40万韩元可以买到的话，消费者同样可以获得10万韩元的剩余价值。这对于消费者来说也是有利的。

因此，这时消费者就会支付40万韩元给生产者，那么生产者在可以获得40万韩元的情况下，就不会选择以30万韩元的价格出售这部手机。因此，这时价格便会上涨。此时的状态就是不均衡状态。

我们来整理一下以上内容。价格太高的话会出现"超额供给"现象，这时便需要下调价格；价格太低的话就会出现"超额需求"现象，这时候就要上调价格。

那么什么时候达到均衡状态呢？当然是在超额供给和超额需求都不存在的情况下，才算达到均衡状态。

上调价格的话，企业为了获得更多的利润，将会扩大供给量。这时消费者由于价格上调能够获得的剩余价值就会减少，因此需求量就会降低，也就缓解了超额需求的现象。

相反，如果价格下调，企业和消费者就会以相反的方向行动，从而解决超额供给的现象。因此，当价格达到某种水平时，就会达到既没有超额需求，也没有超额供给的状态。

换句话说，企业想卖的供给量和消费者想买的需求量存在一个一致的价格水平。在这个价格水平下，消费者可以想买多少就买多少，企业可以想卖多少就卖多少，所以价格不会再有上涨或者是下降的倾向。从而市场出现持续维持这个价格的倾向，也就是市场均衡。

在达到市场均衡的过程中，不需要人为的调节。生产者为了实现利润最大化，消费者为了实现剩余价值最大化，就会出现竞争行为。只要价格随着这种行为毫无限制地灵活移动，市场就会通过"看不见的手"自发地达到均衡状态。也就是说，即使没有人为地操作，也可以达到市场均衡。

市场通过"看不见的手"达到新的均衡状态的过程中，市场参与者是不需要了解很多信息的。此外，需求者和供给者也没有必要知道价格变动的原因。也就是说，无论价格变动的原因在于需求方还是供给方，对于市场参与者来说，这并不重要。除了上调价格或是下调价格以外，其他信息都是没有必要了解的。因为需求者和供给者只需要看到市场发出的价格信号来决定自己的行动就可以了。

有人认为，不必要的信息反而会成为实现均衡的障碍。美国经济学家米尔顿·弗里德曼（Milton Friedman）以浴室里的傻瓜为例，对此进行了说明：

人们在洗澡时，向热水方向拧柄的话，先出来的会是冷水，这时候大家会怎么办呢，只需要静静地等待热水出来就可以了。但是如果连这点时间都等不了，把柄向更热的方向转动，就会流出来很烫的水，然后又忍不住往反方向转动，这次就会出现凉水。因为水龙头发出的暂时模糊的信息，导致最后很难调节水温。

谁是金妍儿[①]真正的粉丝

那么在现实世界中,为什么会发生市场不均衡现象呢?我们刚才探讨了假如市场价格根据市场需求和供给灵活地变动,市场就会通过"看不见的手"达到均衡状态的原理。

因此,市场不均衡状态发生于价格无法灵活变动的情况下。

接下来,让我们去金妍儿选手进行冰上表演的竞技场看一看吧。

金妍儿选手在冰场上展现出的精彩表演经常吸引到很多热情的粉丝,因此,即使在场外也经常挤满了因为买不到票而急得跺脚的粉丝。

---

① 韩国女单花样滑冰运动员,已退役。——编者注

第四章 看不见的手的魔术

在这种情况下，就会发生入场券价格超额需求的现象。

如果入场券的价格随着需求者的数量而灵活变化的话，就不会出现如此一票难求的情况。为什么会这样呢？这是因为没能进入演出现场而感到遗憾的粉丝们实际可以支付的价格比现实票价更高。但是因为没有票，而没有办法看到金妍儿选手的冰上表演，这该是多么可惜呀！这时候出现比定价高出几倍的"黄牛票"现象，虽然是不合法的，但是却符合市场规律。

这时，如果入场券的市场价格突然上涨，甚至比自己可以支付的最高价格还要高，那么即使推着观众去看演出，观众们也不会去。这是因为随着价格的快速上涨，导致需求急剧减少。

这时，由于看不到表演而心怀不满的粉丝数量自然而然就会减少。因此，赛场外也不会再排起长队。之所以会出现一票难求的情况，是因为演出门票的价格不灵活，是固定的，所以超额需求的现象无法消除。

那么为什么要消除这种不均衡现象呢？这是因为超额需求可能会导致腐败等不合理现象的发生。

正如前面所说，在目前的价格下，存在着超额需求现象。这意味着即使比现在的价格多花一些钱，也仍然有人想看演出。因此手中握有入场券的人有可能通过非官方途径高价出售门票从而获得利润。也就是说，这可能会滋生腐败。

即使不是私下出售高价的票，也有可能向亲戚、熟人等以正常价格出售门票。

然而这种行为对那些为了购买入场券在售票窗口前排了几天几夜的粉丝来说很不公平。因为这是给予少数人特别优惠，或者说是分配资源的行为。在这种情况下，没能进入演出现场的粉丝们，不满情绪将会更加高涨。

超额需求与提高社会所有成员的福利是相悖的。

如果现实中金妍儿选手所有的粉丝都无法看到她的演出的话，那么，选择什么样的粉丝看演出，对社会来说是有好处的呢？那就是按照最想看演出的粉丝的顺序来选择谁来观看。在门票价格固定的情况下，谁会最有可能看到演出呢？答案是通过亲戚、熟人等渠道购买到门票的粉丝。但是这些粉丝未必是最忠实的粉丝。在社会成员当中，不是最想看到金妍儿选手演出的人正在观看她的演出的话，社会成员的利益就没有得到最大化。

那么我们如何知道谁最想看到金妍儿的演出呢？这个问题即便是最自诩聪明的人也无法知道答案，但是这一问题可以通过"看不见的手"来调节。

只要灵活地调节价格就可以了。提高价格的话，观众观看演出的热情就会降低，因此就会有一部分观众放弃观看演出，那么最后留下来观看演出的粉丝们会是什么样的人呢？那就是即使在提高票价的情况下，也愿意观看金妍儿选手演出的忠实粉丝。

"看不见的手"的能力是很厉害的。当然，

这里并没有考虑粉丝的经济情况，无论粉丝对演出的观看欲望多么强烈，如果没有购买门票的能力的话，都是没有办法观看演出的。因此，以上讲述的是在不考虑购买力的情况下，区分消费者偏好的"看不见的手"的能力。

渔夫大叔的烦恼

多亏了素不相识的劳动人民的付出，我们才可以在今天吃到美味的早餐。夏天在烈日下辛勤工作的农民、渔民，甚至是畜牧业工作者、运送食物的货车司机以及让我们可以方便地挑选食物的超市老板……多亏了他们的存在，我们才可以吃到美味的早餐。

这里很重要的一点是：这些辛苦劳作的人们并没有认识大家的必要，而且大家也没有必要认识他们。也就是说,渔夫们没有必要知道谁吃了他们抓到的鱼,是被用作小菜还是被当作了制作保健品的材料。

他们关心的是捕鱼、种田或开车能够赚钱。如果能对人们早餐的食谱做出一定的贡献,那么吃早饭的人就会付钱给他们。比如说我们早上不想吃三明治,而是想吃鱼,那么只要能让我们吃到鱼,我们就愿意付一定的钱。

那么,一个连消费者长相、名字都不知道的渔夫大叔,如何知道大家想吃鱼还是想吃三明治呢?他又如何知道我们是想吃鲭鱼,还是想吃秋刀鱼呢?还有就是他如何知道我们想吃多少?会付给他多少钱?也就是说渔夫大叔们能得到多少钱呢?

问题在于如何决定"生产什么、生产多

少、怎么生产"，即资源的分配问题。如果无法正确地分配资源的话，所有人的生活都将变得混乱。

如果大家想吃鲭鱼，但抓来的却是秋刀鱼，那么，大家要么选择吃不想吃的秋刀鱼，要么只好选择吃别的食物，消费者由此便会产生不满。渔夫大叔们辛苦地抓来了秋刀鱼，但是因为卖不出去，损失得可不是一星半点。另外，如果渔夫钓的鱼数量太多，卖不出去的就会产生损失；如果钓得太少，消费者又会因为无法满足自身需求而产生不满。

如果我们可以和渔夫大叔们互相了解，并且顺利地交换意见的话，或许就没有必要担心会产生这些损失和不满，但是这种假设是不成立的，不过也不用过分担心。

如果我们和渔夫大叔们把自己的利己心坦诚地说出来的话，市场中"看不见的手"就会帮忙解决问题，不会让任何一个人受到损失，陷入不幸或感到不满。

市场中"看不见的手"是指价格本身。《国富论》中，在价格的许多功能中，特别强调了资源的高效分配功能。

高效地使资源得到分配，意味着资源不会用在多余的地方，而是用在最重要的地方。但是我们如何知道哪里才是最重要的地方呢？事实上，资源分配并不需要那么多的信息，只需要市场价格这一信息就足够了。

我们以大幅度上调海鲜价格为例。

价格上升的话，无论出于什么原因，表明相关市场出现了超额需求的现象。超额需求意味着想要购买的人有很多，但是满足其需求的供给是不足的。

市场上需求大于供给的现象成为价格上涨的信号。因此，人们可以通过价格信号立即知道哪些商品或服务不足。

这时候引发超额需求现象的原因并不重要。渔夫们也没有必要知道海鲜缺货的原因，不管是因为海上的风浪，还是捕鱼的船减少，抑或是饮食习惯发生改变致使需求增加。对于渔夫们来说，只有缺货现象是重要的信息。

对于渔夫们来说，一定要知道的事实只有价格暴涨而已。海鲜价格大幅度上涨，如果延长捕鱼作业时间的话会赚到比过去更多的钱。这一事实非常重要，因此，渔夫们的资源分配自然而然地会发生改变。

生产者将开始更多地投入资源来生产价格大幅度上涨的商品或服务。因为这么做的话，使用相同的资源可以生产出高价出售的商品或服务，获得更多的利润。

资源会自然而然地流入有超额需求的地方。那么，对于消费者来说，最好的情况是生产者只生产消费者最需要的商品。对于生产者来说，最好的情况是可以使用相同的资源生产出高价出售的商品，因此整个社会将会实现资源高效利用的状态。

这便是价格的资源分配机能，我想强调的是，通过市场中"看不见的手"的调节不需要人为的介入，只通过价格的资源分配机能，也可以实现高效的资源分配。

资源流入超额需求现象存在的市场，并不

超额需求导致海鲜价格上涨

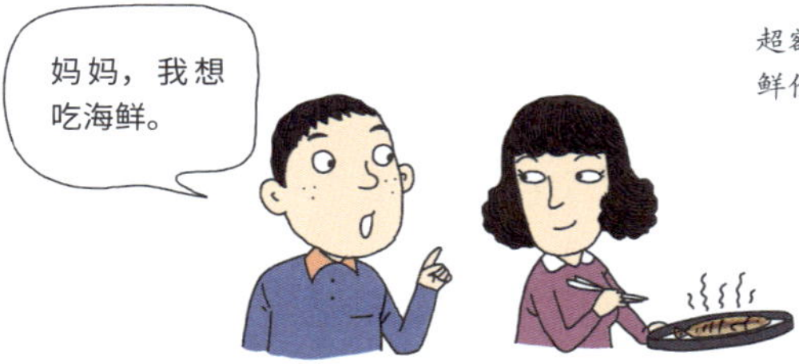

超额需求导致海鲜价格上涨

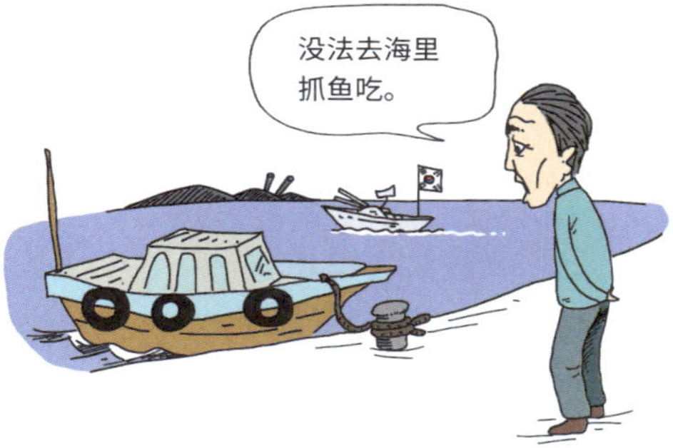

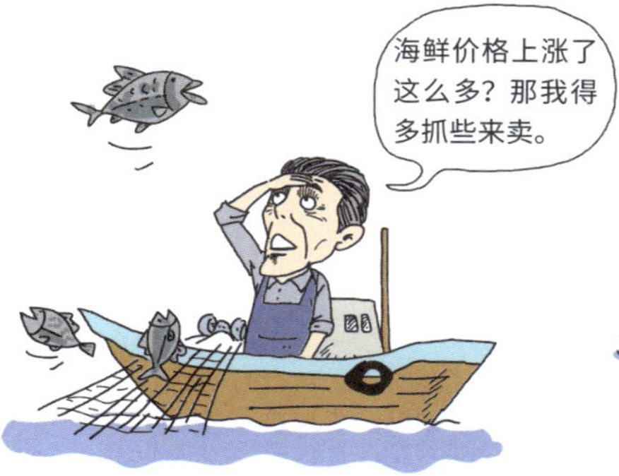

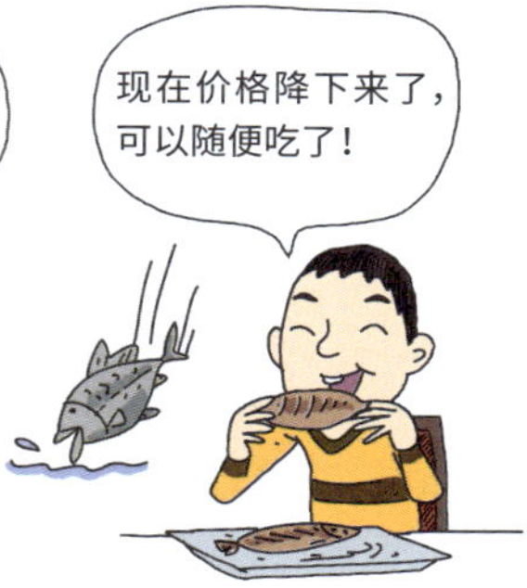

代表着高效的资源分配到此结束。谁来生产的问题仍然存在。市场上存在着许多家生产相同商品的企业。因此，还存在着市场上由哪些企业得到资源进行生产供应的问题。

那么，由哪些企业来负责生产呢？当然是要把资源分配给能够将其有效利用的企业，这样对整个社会来讲是有利的，因为低效率的企业会将珍贵的资源浪费掉。

那么如何区分这些企业呢？这个问题不难解决。

比起生产效率低的企业，高效率的企业可以用低价生产同样的商品。换句话说，生产效率高的企业可以用较少的资源生产出更多的商品。自然，效率高的企业比起效率低的企业可以获得更多的利润。这些利润可以用来进行新的投资，而投资可以再次提高生产效率，从而企业的利润也会更高。

因此，生产效率高的企业，比起其他企业可能会降低商品价格，因为他们可以用低廉的成本进行生产。如果降低价格的话，消费者的购买意向会更加强烈，企业的生产数量就会增加。相反，生产效率低的企业会失去顾客的购买，利润也会减少，最终发生恶性循环。

如果保障企业之间的自由竞争的话，市场就会对生产效率高的企业给予利润；对生产效率低的企业给予惩罚。也就是说，生产效率高的企业的生产商品数量增加，效率性低的企业最终从市场退出，中断生产。那么，珍贵的资源自然而然地就会从生产效率低的企业转移到高效率的企业。

唉！

唉！

开什么会呢？这么严重。

是关于市场均衡的会议，不要打扰他们。

为了让消费者感到满足的同时，也让生产者实现利润最大化，要人为性地调节价格和供给量吗？

那又怎么样？

只考虑各自的利益就可以了。

根据"看不见的手"，市场经济体制就能自动调节价格和供给量。

上调价格的话，企业为了获得更多的利润，就会扩大供给。相反，消费者的剩余价值减少，就会减少消费，那么超额需求现象就可以得到解决。

下调价格的话，超额供给就可以被解决。

"看不见的手"是这样实现市场均衡的！

哇！像魔术一样！

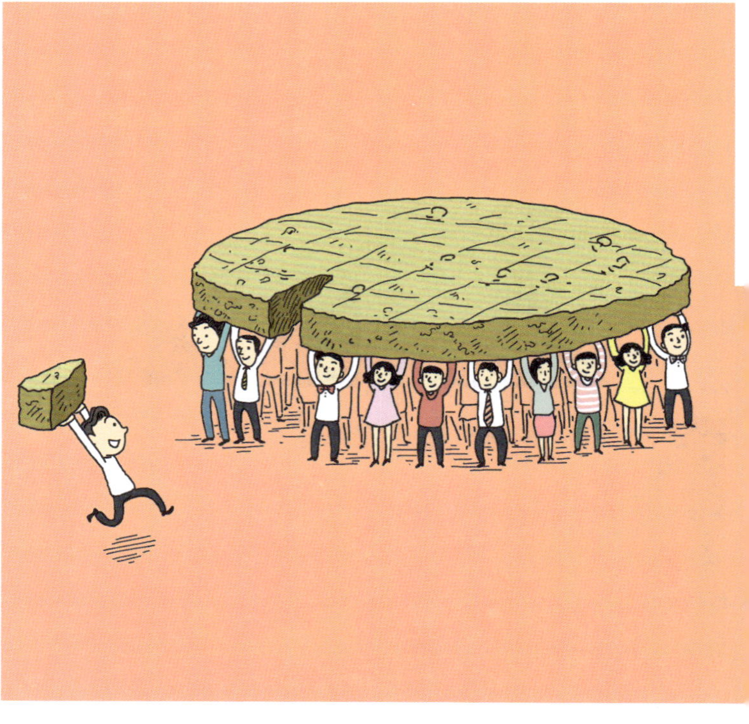

第五章

协调私利和公共利益

消费时获得的个人剩余和生产时获得的个人剩余加起来就是社会剩余。我们获得的个人利益都包含在社会利益中。因此,如果我们所有人都最大限度地获得了私利,公共利益也会最大限度地增加。

上文所讲的市场均衡和资源分配是以将个人利益最大化为基础的。

消费者为了实现自身利益最大化,生产者为了实现利润的最大化而参与市场活动。消费者和生产者绝对不会为了我们所有人的利益而行动。那么,即便通过市场均衡和资源分配,使个人的利益得到了最大化,但若因此损害了公共利益,那么社会大众可以接受吗?

当然,在公共利益面前,只重视个人利益

的社会很难让人接受。如果那样的话，国家就会消失。另外，如果只对一些人有利，对其他人不利，也是不对的。不过大家不要太担心！因为市场可以协调个人利益和公共利益。

为获得社会利益的最大值

首先我们来看一看，通过市场交易，社会全体能够获得多大的利益。

明明以50万韩元购买了一部新型智能手机，他感到非常开心。但是，明明为什么感到开心呢？这是因为比起口袋里装着50万韩元，将智能手机转化为自己的所有物时，他会感到更加满足。

那么，如果明明把刚买的智能手机重新卖出去的话，能卖多少钱呢？

假设明明购买的智能手机是独一无二的，也就是说，在世界上任何一个地方都无法买到同样的智能手机。

如果明明从出售手机的钱中获得的满足感小于拥有手机时的满足感，那么，明明绝不会出售手机。如果明明愿意以80万韩元的价格出售智能手机的话，那么，明明从智能手机中获得的主观满足感的货币价值则是80万韩元。

现在让我们重新回到明明购买智能手机的情景中去。明明以50万韩元的价格购买了对自己来说具有80万韩元价值的智能手机，因此明明从购买手机中获得了价值30万韩元的主观利益，故而他感到非常开心。事实上即使花费60万韩元明明也会选择购买手机，因为在这种情况下，明明仍然可以得到20万韩元的利益。这样计算的话，明明为了购买手机，最高可能会支付80万韩元。

如此，有意购买某种商品的最大金额被称为支付意愿（即保留价格）。购买某种商品的最高支付金额和实际支付的金额的差额被称为消费者剩余。

计算消费者剩余

例如，以50万韩元购买智能手机的明明的消费者剩余金额等于购买智能手机的最高支付金额80万韩元减去市场价格50万韩元，等于30万韩元。这就是消费者剩余给明明带来的私人利益。明明是为了获得消费者剩余而自发进行交易的。

> **消费者剩余＝购买某种商品的最高支付金额－实际支付金额**
>
> **明明的消费者剩余**
>
> **30万韩元＝80万韩元－50万韩元**

现在让我们把重点从明明购买智能手机扩大到整个智能手机市场。购买智能手机的消费者肯定不止明明一个人。所有购买智能手机的消费者都有一个共同点,那就是任何人都可以获得消费者剩余。

当然,每个消费者所获得的消费者剩余多少会有所不同。因为每个人的收入、喜爱程度等是不同的,所以购买商品的最高支付金额也千差万别。有的消费者对智能手机的最高支付金额远远超过100万韩元,有的消费者则是勉强达到50万韩元。

支付金额越大,消费者剩余就越多。反之,支付金额越小,消费者剩余就越少。但是,不变的是,他们都通过购买智能手机获得消费者剩余。这里不会存在做亏本生意的消费者。因为他们绝对不会做让自身有所损失的交易。

通过观察现实世界中众多消费者购买商品的行为,就能获得如图5-1一样的需求曲线。

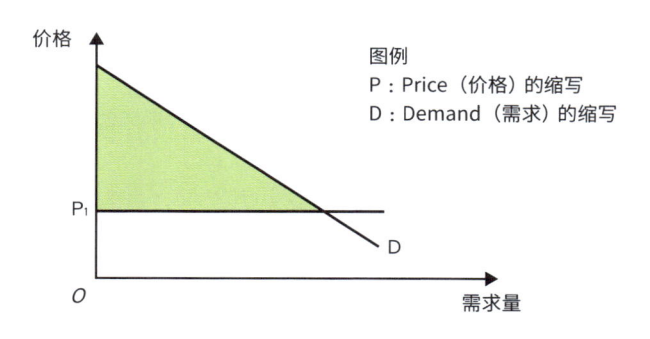

图例
P:Price(价格)的缩写
D:Demand(需求)的缩写

图5-1 需求曲线和消费者剩余

这里需求曲线的纵坐标表示个别消费者的支付意愿，每个消费者的支付意愿都不尽相同。因此，需求曲线表现为向右下延伸的曲线。因此，当价格为纵轴 P_1 时，消费者总剩余可以表现为需求曲线 D 和 P_1 围成的面积。

计算生产者剩余

我们再来看一下生产者剩余情况。生产者剩余是指生产者通过交易获得的利益。因此，生产者剩余等于生产者出售物品后收取的价格减去生产物品所需的生产费用。

> 生产者剩余 = 生产者出售物品后收取的价格（商品价格）– 生产物品所需的生产费用（生产费用）

下面我们来看一下生产者剩余的计算过程。假设有4家生产智能手机的企业分别是A、B、C、D。各企业的产量均为1部,生产所需的费用如表5-1所示。

表5-1 智能手机生产费用

生产企业	生产单价(万韩元)
A	70
B	60
C	40
D	30

当一部智能手机的价格是65万韩元的时候,企业B、C、D会因为自己的生产单价低于手机价格而获得利润,所以会进行生产供应。但是,企业A会因为自己的生产单价高于手机价格而产生损失,所以不会进行生产供应。

企业 B 的智能手机生产单价为60万韩元，如果向市场以65万韩元的价格进行销售，一部手机可以获得5万韩元的剩余，即5万韩元的利润。同样，企业 C、D 通过销售，一部手机分别可以获得25万韩元、35万韩元的剩余。

将个别生产者获得的剩余全部加起来，就是通过市场交易生产者获得的生产者剩余。在上述的例子中，如果一部智能手机的市场价格为65万韩元，销售一部手机企业 B、C、D 分别获得5万韩元、25万韩元、35万韩元的剩余，那么三者相加合计65万韩元，即为生产者剩余。

在这里，如果画出无数条市场中生产者的供给曲线，就会得到如图5-2一样向右上倾斜的供给曲线。这里供给曲线的纵坐标表示企业的生产单价。每个企业的生产单价都是不同的，从最有效率的企业生产单价起，按生产单价由小到大的顺序开始排列的话，将获得如图5-2所示的供给曲线。

当然，企业的生产者剩余表现为生产者出售物品后收取的价格减去生产物品所需的生产费用。因此，在任意生产价格 P_2 中，经济整体获得的生产者剩余可以定义为企业的生产者剩余部分的总和。因此，图5-2中，供给曲线 S 和

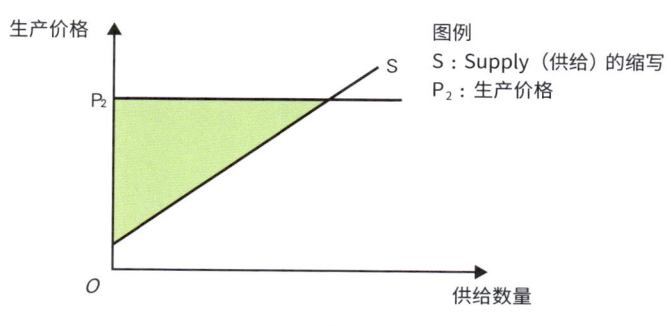

图例
S：Supply（供给）的缩写
P_2：生产价格

图5-2 供给曲线和生产者剩余

价格 P_2 围绕形成的面积，表示为生产者总剩余。

社会剩余的最大值是多少

消费者和生产者通过市场交易各自获得消费者剩余和生产者剩余。这时，消费者不管生产者获利多少，生产者也不管消费者获利多少，只专注于使自身获得利益。

同时，从社会层面来看，也没有必要区分消费者剩余和生产者剩余。因为，消费者和生产者都属于社会成员，所以，无论是生产者还是消费者，所获得的利益都属于社会整体的利益。像这样不区分消费者剩余和生产者剩余，二者之和即为社会剩余。

> **社会剩余 = 消费者剩余 + 生产者剩余**

那么，尽可能地增加社会剩余，这才是对公共利益的贡献。下面以图5-3为例，我们来看一下社会剩余何时实现最大化。

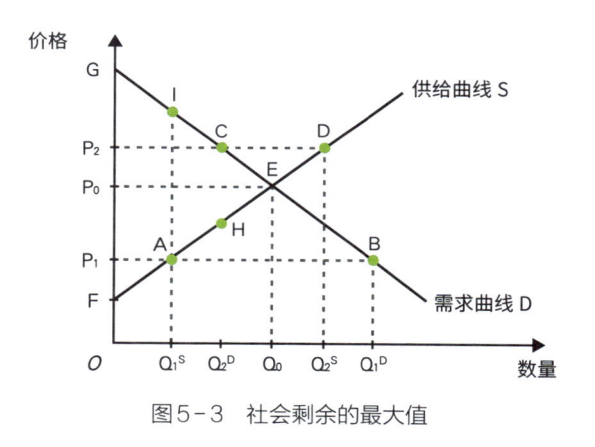

图5-3 社会剩余的最大值

我们首先来看一下市场价格为 P_1 时，社会剩余的大小。当价格为 P_1 时，需求量是 Q_1^D，供给量是 Q_1^S。因此，会发生 Q_1^D-Q_1^S 的超额需求现象。但是，发生超额需求并不表示交易本身完全不成立。虽然有 Q_1^D-Q_1^S 大小的交易需求量无法实现，但是，Q_1^S 程度的供给量可以在市场上进行交易。因此，会产生 Q_1^S 大小的市场交易量所带来的社会剩余。即，消费者剩余表现为需求曲线 D 和市场价格 P_1 以及交易量 Q_1^S 围绕的梯形 P_1AIG 的面积。此外，生产者剩余为价格 P_1 和供给曲线 S 围绕的三角形 P_1AF 的面积。因此，当价格为 P_1 时，社会剩余表现为消费者剩余和生产者剩余之和，即梯形 FAIG 面积。

同样的，我们来计算一下当市场价格为 P_2 时，社会剩余的大小。当市场价格为 P_2 时，市场交易在哪里成立呢？如果理解了刚刚当市场价格为 P_1 时的情况，就可以轻易回答出来。在价格 P_2 中，需求量为 Q_2^D，而供给量为 Q_2^S。因此会出现 Q_2^S-Q_2^D 程度的超额供给现象。因此，实际上的市场交易需求量为 Q_2^D，$Q_2^S-Q_2^D$ 部分不会进行交易。那么，生产者剩余表现为供给曲线 S 和价格 P_2 以及市场交易量 Q_2^D 围绕的梯形 P_2CHF 的面积。因此，价格 P_2 中的社会剩余表现为梯形 FHCG。

最后，让我们来看一下在需求和供给达到一致的市场均衡价格 P_0 的情况下，社会剩余的大小是多少。当均衡价格为 P_0 时，当然不会发生超额供给或是超过需求现象，此时的交易量为 Q_0。因此，消费者剩余是供给价格 P_0 和需求曲线 D 围绕的三角形 P_0EG 的面积；生产者剩余是均衡价格 P_0 和供给曲线 S 围绕的三角形 P_0EF 的面积。将消费者剩余和生产者剩余相加，就会获得均衡价格 P_0 下的社会剩余，即三角形 FEG 的面积。

让我们来比较一下上面所谈到的三种关于社会剩余的情况。当市场价格处于比均衡价格低或高的 P_1、P_2 时,我们发现这时的社会剩余,都小于处在均衡价格下 P_0 时的社会剩余。也就是说,当价格为市场均衡价格时,社会剩余将实现最大化。

这里值得注意的是,需求和供给引领着市场均衡。但是,需求和供给不是在使公共利益实现最大化的过程中形成的,而是在使个人利益实现最大化的过程中形成的。具体来说,就是需求是以消费者利益得到最大化为目的,供给是以生产者利润实现最大化为目的。但是,在消费者和生产者各自追求利益的过程中,各自的需求和供给使市场达到均衡价格,进而实现了公共利益最大化,这是多么惊人的魔术啊?

扩展知识

不仅是支付意愿之间的对决

我们可以通过拍卖等方式来售卖名画或者是贵重物品。通过这种方式，可以最大限度地缩小消费者的支付意愿和实际支付金额的差距。同时，这时候商家将会得到最大限度的生产者剩余。

拍卖开始后，竞拍者们就会提出自己想要购买的意向价格，如果没有人愿意出比这更高价格的话，自己就可以获得购买这件商品的权利。提出意向购买价格叫作"投标"。拍卖会正是通过投标人之间的价格竞争来售卖物品的。

支付意愿代表消费者有意购买某种商品的最大支付金额。也就是说,拍卖实际上是投标人之间支付意愿的对决。

但是,偶尔在拍卖会上,也会发生中标后放弃购买的情况。这表示,中标后需付款的金额与中标人实际可以支付的金额可能会不同。经济学中提出的数学概念也许并不完美,这是因为人类的行为是无法用严谨的数学逻辑来完美证明的。

在我们的生活中,有很多事情是无法用支付意愿和消费者剩余来解释的。下面,我将通过一个拍卖的案例来进行说明。

生前的全鎣弼先生

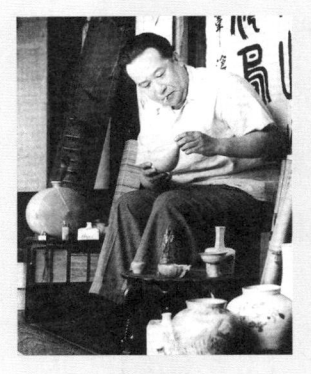

在朝鲜被日本强占时期，日本帝国主义为了抹除朝鲜的语言、文字、文化，破坏了很多朝鲜的文化遗产。在当时，有许多人为了守护朝鲜民族文化遗产而做出努力，而富商全鎣弼[①]先生就是其中之一。

当《训民正音》原件被出售时，全鎣弼先生花了1万元买下。卖家本想以1千元出售，但是，担心《训民正音》落入日本人手中的全

[①] 全鎣弼（1906年7月29日—1962年1月26日）字天赉，号涧松、芝山，收藏家，教育家。——编者注

蓥弼先生支付了1万元。在当时，一栋瓦房的价格是1千元，而1万元对于普通人来说，是一生都很难拥有的财富。1945年后，《训民正音》原件被指定为国宝70号。

这个真不错，多少钱买的？
这个是干吗用的？
50万韩元买的，80万韩元我也买。
支付意愿是80万韩元，实际支付价格是50万韩元，你获得了30万韩元的消费者剩余。
出售价格是50万韩元，生产单价是45万韩元，我还获得了5万韩元的生产者剩余！
生产者剩余是5万韩元！
我赚了。
我也赚了！
消费者和生产者在各自追求自己的利益下，产生了怎样的结果？
社会全体的利益增加了！
各自追求自己的利益，最终使公共利益增加了，这就像魔术一样！怎么样？感受到“看不见的手”的力量了吗？
真神奇！
好意外！

结语

通过"看不见的手"解决问题

　　温饱不是一个简单的问题。特别是在现在这个竞争激烈的世界,更是如此。围绕温饱问题进行研究的学科就是经济学。

　　我们为了生活得更好,就必须进行生产,并且要高效地进行生产。另外,要尽可能保证公平地分配生产所得产品。这种温饱的经济问题不会自行解决,必须建立人为的系统来解决。

市场经济也属于这样的系统。正如我们迄今为止所看到的一样，市场经济系统相对来说高效地解决了我们的温饱问题。市场经济制度不仅可以增加个人的利益，还可以增加整个社

会的利益。

当然，除了市场经济之外还有很多为了解决经济问题而设计的系统。计划经济就是其中之一。但是世界上不存在完美的系统。不管是哪种系统，都有优点和缺点。市场经济非常具有效率，但是，也存在着当人们之间产生贫富差距时，产生的不公正问题在系统内无法有效解决的缺点。因此，很难科学地证明什么样的系统是优秀的系统。所以，在现实世界中，不存在完全的市场经济，也不存在完全的计划经济。

亚当·斯密相信能带来经济繁荣的原因不单单是自然资源或科学技术，而是健全的经济体制。他认为，健全的经济体制难道不就是市场经济体系吗？

为了强调这一点,在《国富论》中才有以下内容。

所以,由于每个个人都努力把他的资本尽可能用来支持国内产业,都努力管理国内产业,使其生产物的价值能达到最高程度,他就必然竭力使社会的年收入尽量增大起来。确实,他通常既不打算促进公共的利益,也不知道他自己是在什么程度上促进那种利益。宁愿投资支持国内产业而不支持国外产业,他只是盘算他自己的安全;他管理产业的方式目的在于使其生产物的价值能达到最大限度,他所盘算的也只是他自己的利益。在这场合,像在其他许多场合一样,他受着一只看不见的手的指导,去尽力达到一个并非他本意想要达到的目的。也并不因为事非出于本意,就对社会有害。他追求自己的利益,往往使他能比在真正出于本意的情况下更有效地促进社会的利益。

——《国富论》[1]第四篇第二章

"看不见的手"一词成为他主张的经济理论的象征语。

想要通过"看不见的手"来主张公正的自由市场(free market)。这种市场体制是指无论是谁或是任何一种制度,都无法压制我们的利己心。

在保障完美自由竞争的自由市场中,人类的利己性行为被"看不见的手"所牵引着,并直接关系到社会整体利益的附带成果。此外,

---

[1] 亚当·斯密,《国富论》,商务印书馆。——编者注

这种情况下，即使市场处于放任状态，市场也不会变得毫无秩序。因为正如前面多次提到的一样，市场的自我调节功能会形成自然的秩序。因此，亚当·斯密认为，政府除了发挥消除破坏市场经济自由竞争的不公正因素的作用以外，是没有必要介入市场的。